書き方の**コツ**がよくわかる

理系 小論文

頻出テーマ **15**

高橋　廣敏

JN048613

＊この本には「赤色チェックシート」がついています。

はじめに

理系志望のみなさん。こんにちは。

この本を手にとったのは、大学入試において小論文を書く必要があるからだと思います。小論文は、得意ですか？

なかには、<u>小論文の書き方がよくわからないという人</u>もいると思います。あるいは、<u>何を書いたらよいのかわからないという人</u>もいるでしょう。

小論文の書き方がよくわからないという人は、小論文の「形式」を学ぶ必要があります。一方、何を書いたらよいのかわからないという人は、小論文において書くべき「内容」を学ぶ必要があります。あるいは、何をどのように書いてよいかわからない人、すなわち、「内容」と「形式」の両方を学ぶ必要がある人もいるかもしれません。

<u>小論文とは、言いたいことを論理的に述べる文章です</u>。内容的には言いたいことを伝えればよいし、形式的には論理的に書けばよいのです。でも、そのように説明しても、受験生からはよく「言いたいことがなかなか浮かびません！」、あるいは、「論理的ってどういうことですか？」という声が聞かれます。

この本は、そのような受験生の悩みや疑問を解決するため、<u>理系大学・学部の小論文入試に出題される15個の最頻出テーマについて、それぞれのテーマが出た場合に「何を書くべきか」ということをくわしく解説しています</u>。これでもう、小論文の「内容」にかんして悩む必要はなくなるはずです。

また、同時に、この本では、<u>「論理的」な「書き方」</u>についても具体的に説明しています。読んでもらえれば、「構想メモ」の作り方や、序論、本論、結論をはじめとする論理展開の仕方など、実践的な方法が身につきます。これでもう、小論文の「形式」にかんして悩む必要はなくなるはずです。

さらに、この本では、入試本番で万全を期すために、受験生にありがちなミスについても解説しています。受験生の立場からすると、どのような答案の評価が高く、どのような答案の評価が低いのかは、気になるところだと思います。そこで、この本の解説を読めば、ミスの原因がわかって、同じようなミスをすることなく合格答案を作成することが可能になります。

　<u>小論文を書くときに、知識は武器になります。</u>知識が不十分な状態で試験会場に行くのは、武器を持たずに戦場に行くようなものです。この本は、<u>会話形式の文章を読んでいるうちに知識が自然に覚えられるつくりになっています。</u>さらに、各「テーマ」の冒頭において「これがテーマの神髄だ！」として知識の要点をまとめているので、必要な知識を確認することもできます。

　僕の願いは、この本で学んだ受験生が、「言いたいこと」を「論理的」に述べることができるようになり、希望の大学に合格することです。でも、みなさんには、できることならば、大学入学後も理系の学生としてさまざまなテーマについて考え続け、「自分自身の言葉」で「自分の考え」を述べることができる人になってほしいと思います。この本が、未来のみなさんが思考する契機を与えるとすれば、それ以上の喜びはありません。

　最後に、この本の企画を提案してくださった㈱KADOKAWAの山川徹さん、編集担当の一梓堂・小野あい子さん、そして、数多くの答案例を書いてくれた教え子たちに感謝します。

高橋　廣敏

CONTENTS もくじ

本文イラスト：沢音　千尋

＊本書は、2020年5月時点の情報にもとづいて執筆されています。

この本の特長と使い方

★理系小論文対策のエントリーブック

この本は、理系の学部・学科・系統志望者のうち、

「文章を読むのも書くのもキライ」
「新聞やニュース番組も読まない・見ない。ニュースはネット
　で見るだけ」
「志望校の過去問を見ても、書くことが何も思い浮かばない」
「物事を抽象的に考えるのがとても苦手」
「でも、志望校には合格したい！」

という人を対象とした、"「小論文」対策最初の一歩"という位置づけの入門書です。以下のような学部・系統を対象としています。
- 理学・工学
- 農学・生命科学・水産・獣医・生物資源
- 環境・情報・人間科学
- 家政・栄養・生活科学・スポーツ・健康科学

★テーマ・キーワードがわかり、書き方もマスターできる

志望校の過去問にまったく手がつかないという受験生は、そもそも、理系特有のテーマやキーワードを理解できていません。しかも、それらはどれもかなり専門的です。

そのような受験生の現状を考慮して、この本では、理系の小論文入試で問われる重要テーマと用語の徹底的な理解に努めています。「小論文」指導の第一人者・高橋先生による解説は、わかりやすくてなめらか、そして、コンパクトにして詳細な内容です。

また、この本では、テーマの理解はもちろん、実際の入試出題例を通じて書き方の習得も可能です。短期間で効率よく、理系「小論文」対策のおさえどころが身につきます。

★考え抜かれたシステマティックな構成

この本では、理系「小論文」に出まくる重要テーマを15個扱います。本書収録のテーマはすべて、一般入試対策はもちろん、学校推薦型選抜・総合型選抜対策（＝旧推薦入試・AO入試。面接対策も含みます）にも役立つ、"定番テーマ＋新傾向テーマ"です。それぞれのテーマには、出題頻度を表す5段階のランキング（星の数で表示）がついています。

1つの「テーマ」には、次の要素が含まれます。

- **■これがテーマの神髄だ！**：その「テーマ」の要点を板書風にまとめています。
- **■実際の出題例を見てみよう！**：400字程度の分量で書かせる問題を扱っています。すべて最近の入試問題（改）です。
- **■テーマ解説**：みなさんと同じく理系をめざす受験生・ミホさんの素朴な疑問に高橋先生が答えていく過程で、自然にキーワードが覚えられ、テーマの理解が深まります。赤字は最重要キーワード、太字は重要キーワードをそれぞれ表します。
- **■出題例の解答・解説**：答案を書き始める前に思いつくべき発想を、メモ書き風にまとめています。
- **■合格点まであと一歩の答案例／合格点がもらえる答案例**："日本語として破綻してはいないが、説得力に欠ける答案"と、"限られた試験時間内で実力を出しきっている答案"が対比されているので、"どのレベルまで書けば合格できるのか"がハッキリわかります。
- **■神　　髄**：答案作成の基本方針を簡潔に示しています。
- **■さくいん**：理系特有の専門用語を、これらの項目を見て説明できるかどうか確認してみましょう。

さあ、ゼロからの小論文対策を始めていきましょう！

インターネット・IoT

インターネット・IoTの利便性と弊害

頻出ランク ★★★★★

これがテーマの 神髄 だ!

★IT・ICT・IoTとは何か

- ● **IT** ➡ p.9 ➡情報技術（技術全体の呼び方）
- ● **ICT** ➡ p.9 ➡情報通信技術（国際的に定着している呼び方）
- ● **IoT** ➡ p.9 ➡「モノのインターネット」（モノとネットの接続）

★インターネット・IoTのプラス面

- ❶ 生活の利便性の向上➡スマートハウス ➡ p.11
- ❷ 電力のコントロール➡スマートグリッド ➡ p.10
- ❸ 渋滞の緩和➡コネクテッドカー ➡ p.10
- ❹ 医療の効率化➡ウェアラブルデバイス ➡ p.10
- ❺ エネルギーの節約・二酸化炭素の削減
  事故防止・サービスの効率化➡スマートシティ ➡ p.11
- ❻ 農業の効率化➡ **GPS** ➡ p.10 による農機具の自動走行
  センサーからのデータ収集・ドローン ➡ p.12 の使用

★インターネット・IoTのマイナス面

- ❶ セキュリティの問題➡サイバー攻撃 ➡ p.13 の可能性
- ❷ 個人情報の取り扱いにかんする問題
  - ➡スマホ・監視カメラ・各種センサーの使用
  - ➡個人情報が収集される➡ビッグデータ➡ ➡ p.14
  - ➡プライバシーが侵害される可能性

テーマ　解説

≫ 実際の出題例を見てみよう！

→ 解答・解説は p.15

出題例　最近、IoT（Internet of Things）が話題になっています。IoT は、私たちの生活に役立つのか。あなたが考えたことを自由に 400 字以内で書きなさい。

（東京都市大学・メディア情報学部／改）

◆ IT・ITC・IoT とは何か

> 「IoT」って言葉を耳にしたことはあるのですが、イメージしにくいです。「IT」とはちがうんですか？　あと、「ICT」という言葉も聞いたことがあるのですが……

　そうだね。まず、知識を整理しておこう。

　「IT」は、Information Technology、情報技術のこと。コンピュータやデータ通信にかかわる技術全体の呼び方だよ。

　「ICT」とは、Information and Communication Technology、情報通信技術のこと。ITとほとんど同じ意味だけど、ITが技術を指すのにたいし、ICTは技術の活用、とくにコミュニケーションに重点を置く場合に使われることが多い。国際的にはICTという言い方が定着しているので、日本でもICTという言葉が一般的になりつつある。

　一方、「IoT」とは、Internet of Things、「モノのインターネット」のこと。電化製品、建物、自動車、医療機器など、さまざまな「モノ」が、インターネットに接続され、スマホから操作したり、相互に情報をやり取りしたりできるようになることだよ。「モノ」と「モノ」を連携させることによって、多様な価値が生まれるんだ。

スマホで操作はわかるけど、「モノ」が相互に情報をやり取りするって……　まだイメージがわきません。

◆IoT のプラス面

　では、身近な例を挙げてみるよ。たとえば、スマホから帰宅前にエアコンを操作できれば、帰宅時に快適な室温にできるよね。さらに、スマホには**GPS**（全地球測位システム）が搭載されているから、GPSの位置情報とエアコンを連動させれば、自宅に近づくだけで自動的にエアコンが作動する。

　これ以外にも、通信機能がある電力メーターをインターネットに接続すれば、自動的に電力使用量のデータが電力会社に送られ、それらの使用量に合わせて発電や送電の量をコントロールすることも可能になる。このように電力を需要と供給の両方で制御する送電網を「スマートグリッド」というよ。

　さらに、自動車もインターネットにつねに接続し、車どうしで情報を交換すれば、渋滞や落下物、天気など、さまざまな情報を共有できる。このような車を**コネクテッドカー**という。また、医療において、病院と自宅にある医療機器をインターネットに接続すれば、心拍数や体温など、患者の情報をリアルタイムで病院側も知ることができる。最近では、身体に装着することによってリアルタイムで健康状態を把握する**ウェアラブルデバイス**も開発されている。しかも、病院と病院で異なる専門医が情報を共有することも可能になる。在宅医療や在宅介護、遠隔地の診療に役立つと考えられているんだ。ミホさん、「モノ」が情報をやり取りするイメージはわいたかな？

イメージがわいてきました！　なんだか、とっても便利だし、さまざまな問題が解決されそうですね。

　そのとおり！　環境問題に取り組むのにもIoTが活躍しそうなんだ。たとえば、家の屋根に太陽光パネルを設置し、その電気を蓄電池に蓄える。その電気を家で使えば、電気料金を安くできるし、もし電気が余ったら電力会社に売ることもできる。万が一停電が起きても安心だよね。また、電気自動車（EV）ならば、発電した電気をバッテリーに蓄えることも可能だよ。

　ちなみに、蓄電にはリチウムイオン電池が使用されているけれど、リチウムイオン電池の発明者の1人として吉野彰氏が2019年にノーベル化学賞を受賞したのは記憶に新しいよね。

　このように、太陽光発電を行ない、その電気を家庭内で使用するだけでなく、蓄電し、余った電気は電力会社に売るようなシステムを備えた家のことを「スマートハウス」という。さらに、スマートハウスを、コンピュータによって需要と供給の両方で電力を制御するスマートグリッドでつなぐことによって、街全体のエネルギー消費量や二酸化炭素（CO_2）の発生量を減らすことも可能になると考えられているんだ。そもそも太陽光は再生可能エネルギーだし、電気自動車は二酸化炭素（CO_2）を出さないからね。さらに、都市全体にIoTのネットワークを張りめぐらせてエネルギー効率を高めたり、サービスを向上させることによって生活の質を充実させたりすることも考えられている。このような都市を「スマートシティ」というよ。

　スマートシティでは、スマートグリッドはもちろん、人や自動車の移動するようすを把握し、街路灯を効率よく点灯したり、渋滞を緩和させるように信号を切り替えたりすることもできる。さらに、事故を防止する試みもあるよ。たとえば、バルセロナでは、歩行者が多い道

を通過する車が時速30km以上で走行すると次の信号が自動的に赤になる場所があるという。また、公園のスプリンクラーのセンサーが土の湿度を検知して、乾燥しているときだけ水をまくようにしている。水道代を節約しているんだ。

電気代や水道代を節約できて、渋滞や事故も少なくなるなんてすばらしいですね！　スマートシティに私も住みたいです！

　IoTは、都市だけでなく農業も変えている。たとえば、高精度のGPSを利用すれば、トラクターなどの農機具を自動走行させられるし、さまざまなセンサーを使って、農場の気温や湿度、雨量、土の温度、作物の糖度や熟度など農地や作物のデータを収集すれば、データから最適な栽培方法を判断して農場を管理することもできる。農地のポテンシャルを最大限に引き出し効率よく収穫できるようになるんだ。

　また、IoTを農業に生かすうえで大きな役割を果たしているのがドローンだよ。「ドローン」とは、遠隔操作、または、自動操縦で飛行する無人航空機。ドローンを使えば、適切な範囲に適切な量の農薬を散布できるし、上空から農作物の生育状況や土壌の水分の状況など、さまざまなデータを収集できる。ドローンに取りつけたカメラの性能が上がることによって、害虫や病気を自動的に検出することも可能になっているんだ。

IoTの話を聞くと、未来は明るいって感じがします。インターネットは世界を変えますね！

◆IoT のマイナス面

　ミホさん、物事にはプラス面とマイナス面があるということを忘れてはいけないよ。

　まず、IoTを活用したシステムは、サイバー攻撃を受ける可能性がある。「サイバー攻撃」とは、コンピュータのシステムにたいして不正にアクセスし、データを抜き取ったり、データの改ざんをしたりすること。IoTのシステムに接続している末端の機器がサイバー攻撃を受けた場合、システムの中心にあるコンピュータにも侵入される可能性が出てくる。もし侵入されたら、データを盗まれたり書き換えられたりするだけでなく、中心のコンピュータとつながるすべての機器がコントロールされる可能性がある。電力や交通システムが攻撃された場合を想像すると深刻さがわかるよね。そのため、サイバー攻撃を「サイバーテロ」ともいう。

　また、個人情報の取り扱いにかんする問題もある。物にセンサーがついているということは、私たちの個人情報が収集される機会が増えるということだよね。たとえば、体温計にセンサーがついているスマート体温計の場合、登録時に、氏名、性別、年齢、病歴、メールアドレスなどの情報が収集され、その後、検温の日時とそのときの体温、体温の変化という情報が定期的に収集される。このケースでは、自分から情報を提供しているけれど、監視カメラに映った自分の映像の場合、いつの間にか自分の情報が収集・分析・利用されている可能性がある。

　スマホもIoTには欠かせないデバイスだけど、スマホにはGPSがついているから、個人の移動履歴も情報として収集される。また、買い物時にスマホで支払いをした場合、何をどこで消費したという情報や、電車に乗れば、どの駅で乗車しどの駅で降りたかという情報が収集される。そもそも、スマホの場合、インターネット広告の閲覧履歴やネットでの購買履歴という情報は、もともと収集されているという。さらに、指紋や顔で認証する生体認証のスマホの場合、指紋や顔

という個人の生体情報を提供する必要がある。何か話しかけると、電話をかけてくれたり検索結果や天気を教えてくれたりするスマホや家庭用のスマートスピーカーは、たしかに便利だけれど、自分の好みや生活スタイルだけでなく、自分自身の声という個人情報をいつの間にか提供しているともいえる。

なんだか少し不安になってきました……　知らないうちにプライバシーが侵害されているような気がします。

　集められた個人情報がどのように分析され利用されているかがわからない。それが不安だよね。IoTなどを通じて集められた巨大で複雑なデータを「ビッグデータ」というけれど、ビッグデータをじょうずに使えば、電力効率化や環境改善、渋滞緩和、事故防止、医療効率化、農業改革、利便性向上などに役立てることができる。その一方、IoTのシステムには、サイバー攻撃への脆弱性があったり、個人情報がいつの間にか収集され、プライバシーが侵害されたりしている可能性もある。物事には光と影がある。このことを忘れないようにしよう。

出題例の 解答・解説

出題例　再録

最近、IoT（Internet of Things）が話題になっています。IoTは、私たちの生活に役立つのか。あなたが考えたことを自由に400字以内で書きなさい。

✿✿ 構想メモを書いてみよう！

IoTの
プラス面　　**IoTの生活に役立つ面を述べる**

- 利便性の向上　　➡ スマートハウスの実現
- エネルギーの節約 ➡ スマートグリッドによる電力の効率化
    - ➡ モノとモノをネットで接続することによって効率化が進む
    - ➡ 環境への負荷を軽減することにもつながる

IoTの
マイナス面　　**IoTのマイナス面も指摘する**

- サイバー攻撃　　➡ システム全体に影響する可能性がある
- 個人情報の収集 ➡ プライバシー侵害の可能性がある
    - ➡ たしかにIoTは生活を便利にするが、危険性もひそんでいる
    - ➡ 個人情報の提供には慎重になる必要がある
    - ➡ 個人情報の扱われ方に注目し続ける必要がある

　まず、IoTは生活に役立つかと聞かれているので、IoTの生活面において役に立つ利点を述べる。しかし、物事にはプラス面がある一方、マイナス面もある。したがって、IoTにかんしても、プラス面だけでなく、マイナス面にも触れるべきである。

IoTとは、すべての物をインターネットに接続する技術のことである。これによって、空想が現実を超えるかもしれない。

このIoTの最大のメリットは、リアルタイムで物の状態を管理できることである。たとえば、通信デバイスを監視することによって、遠隔地にいても、接続されている物がどういう状態にあるのかを確認できる。しかし、ほんとうのメリットは、ビッグデータの収集にある。たとえば、農業用のスプリンクラーのデータを解析し、収集することによって、最適な運営方法を見つけることができる。これはまさに農業革命である。また、車のスピードを収集することによって、道路状況を確認し、カーナビに送る技術も進んでいて、渋滞問題が一気に解決する。

このように未来においては、手元のデバイスですべての電子機器を操作することができる。SFのようだが、IoTによって、フィクションではなくなるかもしれないのである。

(388字)

全体を通じた コメント

「IoTは、私たちの生活に役立つのか」という問題にたいして、IoTのメリットを書こうとしている点は評価できる。ただし、具体例を挙げるならば、「私たちの生活に役立つのか」という設問に合わせて、自分の身近な生活に即した具体例を挙げるとさらに評価が高くなる。また、IoTのメリットだけでなく、デメリットにも触れるべきである。物事を一面から見るだけでなく、多面的に見る視点をもつことが大切である。

答案例への コメント✐

➡❶：△ IoTを定義しようとしている点は評価できる。ただし、「すべて」という表現は言いすぎである。

➡❷：△ 具体例を挙げようとしている点は評価できる。しかし、具体例を挙げるならば、「遠隔地」から「通信デバイス」で「状態」を「確認」できるものを具体的に示すべきである。

➡❸：✕ 「ほんとうのメリット」という表現が不適切。「ほんとうの」という言葉を使うと、それまで述べたことが、それほど大切ではないことになってしまう。また、「ビッグデータ」の「収集」が我々の生活に直接役に立つわけではない。

➡❹：△ 「農業用のスプリンクラー」も、生活とはかけ離れた例である。

➡❺：△ 「渋滞問題が一気に解決する」という表現は言いすぎ。「解決につながる」、あるいは「緩和する」などの表現に変えるべきである。

➡❻：△ 「すべての電子機器」という表現は言いすぎである。

➡❼：✕ 「フィクションではなくなるかもしれない」という表現が不適切。結論部分では、設問にしっかりと答えるべきである。

神髄 1

設問の指示に忠実に解答する！

合格点がもらえる答案例

IoTの プラス面

①IoTとは、モノとモノをインターネットで結ぶシステムであり、生活の役に立つ。②たとえば、太陽光で発電した電気を蓄電し、使用するだけでなく、余った電気は電力会社に売るシステムを備えた家をスマートハウスと呼ぶが、このスマートハウスを、電力の需給をコンピュータで制御するスマートグリッドでつなげば、街全体のエネルギー消費を抑制できる。

IoTの マイナス面

③一方、IoTには、マイナス面もある。④それは、たとえばサイバー攻撃を受けた場合、全体に影響が及ぶ可能性が高いことである。⑤また、末端のデバイスやセンサーを通じて個人情報が収集されているため、プライバシー侵害の可能性もある。

結論

⑥以上、IoTは、生活に役立つ反面、システムの脆弱性やプライバシー侵害の可能性という問題も抱える。⑦したがって、今後は、防御やバックアップの体制を整えると同時に、使用する側も個人情報の扱われ方に注視する必要がある。

(377字)

全体を通じた コ ｜ メ ｜ ン ｜ ト ✐

「IoTは、私たちの生活に役立つのか」という問いにたいして具体例を挙げつつ役立つ面を述べているだけでなく、その問題点にも具体的に言及している。物事には、プラス面があると同時にマイナス面がある。その両面を説明している点が評価できる。また、結論部分で、問題の解決につながる方策を述べている点も評価が高い。

答案例への コ ｜ メ ｜ ン ｜ ト ✐

➡❶：○　IoTを定義している。また、設問に明快に答えている。

➡❷：○　具体例を実際に示している点がよい。具体例を示すことによって説得力が増している。

➡❸：○　IoTのプラス面だけでなく、マイナス面にも言及している。

➡❹：○　IoT自体の問題点の具体例を挙げることができている。

➡❺：◎　IoT自体だけでなく、使用する人びとの側に起こる可能性がある問題について言及している。

➡❻：○　IoTにプラス面とマイナス面の両方があることを簡潔に述べている。

➡❼：◎　IoTの問題の解決につながる方法を、自分なりに考察し述べることができている。

神 髄 2

物事にはプラス面とマイナス面がある！

スマートフォン・SNS

スマートフォン・SNSの功罪

頻出ランク ★★★★★

これがテーマの 神髄 だ!

★スマートフォン・SNSのプラス面

- 圧倒的な利便性
  1. 検索エンジン➡ググる p.22 ・グーグル先生 ⇒ p.22
  2. 便利な機能➡カメラ・音楽・ナビ・さまざまなアプリなど
  3. SNS ⇒ p.22 ➡ Facebook ⇒ p.23 ・ Instagram ⇒ p.23

     LINE ⇒ p.23 ・ Twitter ⇒ p.23

     YouTube ⇒ p.23

     ➡さまざまな人びととつながることができる

     ➡情報伝達が速く、災害のときに役に立つ

★スマートフォン・SNSのマイナス面

  1. 健康面の問題➡視力低下・頭痛・肩こり

     ブルーライト ⇒ p.24 による睡眠不足
  2. 精神面の問題➡集中力低下・記憶力低下

     スマホ依存 ⇒ p.25 になりやすい
  3. 社会的な問題➡ネットいじめ ⇒ p.25

     フェイクニュース ⇒ p.25 やデマの拡散

     ポスト・トゥルース ⇒ p.25

★問題の解決策

- デジタル・デトックス ⇒ p.26
  1. スマホに触れる時間を自発的に少なくする

     ➡目の疲れや頭痛、肩こりの緩和
  2. 夜寝る前は読書の時間にあてる

     ➡集中力・記憶力・思考力の回復

テーマ 解 説

≫ 実際の出題例を見てみよう！

→ 解答・解説は p.27

出題例

　　あなたの考えるスマートフォンの功罪（よいところ、悪いところ）について具体例を挙げて示しなさい。また、その現状をふまえて、将来に向けてどのようにしていくのがよいのかについて、400字程度であなたの意見を述べなさい。

（石巻専修大学・理工学部／改）

◆ スマートフォンのプラス面

　スマホ（スマートフォン）って、ほんとうに便利ですよね。スマホがないと生きていけない、というか、そんな生活は想像できません。

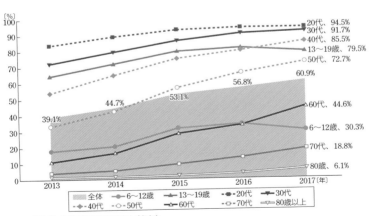

出典：総務省「通信利用動向調査」（各年）

スマホの個人保有率

前ページのグラフはスマホの個人保有率の変化を表したものだけれど、たしかに若者の保有率が高いね。

　これだけスマホが普及したのは、やはり圧倒的に便利だからだね。通話やメールだけでなく、インターネットの検索機能もある。たとえば、Google（グーグル）などの検索エンジンを使って検索することを「ググる」っていうけれど、英語でもgoogleがその意味の動詞として使われている。なんでも教えてくれるから、「グーグル先生」とも呼ばれているよね。

　スマホにはカメラもついているからいつでも写真が撮れるし、ナビゲーションの機能もあるから、それを使えば、方向音痴の人でも迷わず目的地に着くことができる。また、アプリを入れれば、音楽を聴くことや、映画やドラマを鑑賞することもできる。ホテルやタクシーの予約もできるし、価格や口コミを事前に比較して商品を購買することもできる。それ以外に、ニュースのチェックもできるし、電子書籍化された本や雑誌、漫画を読むこともできる。料理のレシピもすぐに手に入るし、ゲームもできる。さらに、カレンダーでスケジュール管理もできるし、健康や睡眠のサポートもしてくれる。学習系や教育系のアプリも多いから、学校の勉強から受験勉強まで、アプリを活用して学習することもできる。ミホさんは、ふだんはスマホを何に活用しているのかな？

◆SNS のメリット

　よく動画を見ています！
　あとは、InstagramとTwitter、LINEも使っています！

　若者の多くが使うのが、SNS だね。「SNS」は、「ソーシャル・ネットワーキング・サービス」の略称。社会的なネットワークを構築する

サービスのこと。おもなSNSを挙げてみると、原則として実名で人びとが交流する「**Facebook**」（フェイスブック）、写真を共有する「**Instagram**」（インスタグラム）、メッセージの送受信が簡単にできる「**LINE**」（ライン）、そして、短い文章をみんなで共有する「**Twitter**」（ツイッター）、だれでも気軽に動画の配信や閲覧ができる「**YouTube**」（ユーチューブ）などがある。

　SNSのメリットは、友人や知人だけでなく、ネット上で共通の趣味や考えをもつ人びととコミュニケーションをとり、つながることができる点にある。たとえば、Facebookは、実名登録なので昔の友人やコミュニティで知り合った人と連絡をとりやすい。Instagramは、写真を投稿するSNSだね。「インスタ映え」は「写真うつりがよく見映えがする」という意味だけれど、画像なので言語の異なる人びととも交流しやすい。LINEには、メールよりも手軽で、グループでのやりとりもできるというメリットがある。さらにTwitterのメリットは、なんといっても情報の速さだね。新聞やテレビ、ラジオなどのマスメディアよりも、Twitterのほうが情報が速いこともある。そして、YouTubeの利点は、映像だから情報量が多いこと。何かを調べたり、勉強したりするときにYouTubeを利用する若者もけっこうたくさんいるという。最近では、小学生や中学生のなりたい職業の上位にはYouTubeへの動画投稿で広告収入を得るYouTuber（ユーチューバー）がランクインしているね。

　また、SNSは、地震や台風、集中豪雨など災害時に役立つ。回線が込み合って電話が使えなくても、インターネットにさえつながればSNSは利用できるから、SNSは災害時に有効な情報伝達手段になる。被害状況はどうなのか、どの場所にどのような救援が必要なのか、SNSはそれらの情報を現地からリアルタイムで伝えることができるんだ。

◆スマートフォンのマイナス面

 でも、物事にはプラス面とマイナス面があるということは、スマホにもマイナス面があるということですよね。

　そのとおり。まずは健康面への悪影響がある。長時間スマホを見ていると、視力が低下したり慢性的な頭痛や肩こりに悩まされたりすることがある。また、スマホで使用されるブルーライトも、睡眠不足の原因になるといわれている。「ブルーライト」とは、可視光線のなかで最も紫外線 ➡ p.117 に近く、エネルギーが強い光のこと。だから、角膜や水晶体で吸収されず、網膜に直接届くんだ。朝にブルーライトを太陽光から浴びることで身体は活動を活発化するんだけれど、夜遅くまでスマホを見ていると、ブルーライトの刺激によって身体が昼間だと錯覚してしまう。そのため、脈拍や体温、血圧などを低下させ眠気を引き起こす「メラトニン」という物質が分泌されず、眠れなくなってしまうんだ。その結果、体内時計がくるい、睡眠障害になることもある。

　また、精神面においても問題は多い。まず、スマホに気を取られると、集中力が低下してしまう。スマホが近くにあると、ついネットを見たり、SNSをチェックしたり、友達と連絡を取り合ったりすると思う。それをしながら勉強や仕事をこなすように、複数の作業を同時に並行して行なうことを「マルチタスク」っていうのだけれど、マルチタスクを続けていると、脳は次から次へと、つねに新しい刺激を求めるようになり、1つのことに集中できなくなってしまうんだ。ミホさんは、スマホにまったく触れないで、2時間から3時間、勉強に集中できるかな？

スマホに触れないで長時間勉強なんて、無理な気がします！　スマホがないと落ち着きません。

　そういう人は多いよね。スマホの問題点はほかにもまだある。

　スマホで人は能動的に情報を集めている気になっているけれど、じつは画面上の情報に反応してタップしているだけで、大量の情報にたいして脳は受動的な状態になっているという。画面の動きにたいして反射的に反応している点ではゲームも同じだね。

　また、記憶の問題もある。スマホで文字を読むときって、スワイプやスクロールをしながら読むので、どうしても読みが浅く、表面的にしか理解できなくなる。記憶には、すぐに忘れる「短期記憶」と比較的長く覚えている「長期記憶」がある。紙の本をじっくりと理解しながら読むような深い読みの場合、内容が自分の知識や経験と結びつくため、知識が短期から長期記憶に移されて忘れにくくなるのだけれど、浅い読みの場合、内容が短期記憶に保存されるだけなので、すぐに忘れてしまうんだ。

　さらに、社会的な問題もある。スマホはネットいじめの温床になるし、悪質な場合、匿名（とくめい）で相手を誹謗中傷（ひぼうちゅうしょう）したり、個人情報をネット上に公開したりするケースもある。また、SNSによってフェイクニュースやデマが拡散するという問題もある。

　「フェイクニュース」とは、おもにSNSで拡散される本物を装った偽（にせ）のニュースのこと。世論を誘導しようとするものもあるし、たんに読む人をからかうのが目的の場合もある。現代は、たとえフェイクでも、人の感情を揺さぶるような情報が真実よりも影響力をもつ時代になっているといわれている。そのような状況を「ポスト・トゥルース」ともいうよ。

　でも、スマホ依存になって表面的で浅い読解しかできなくなった

ら、何がフェイクで何が真実か、判断できなくなる可能性が高いよね。

スマホ依存になりたくないし、フェイクにもだまされたくありません！
どうすればいいのでしょうか？

◆ 問題の解決策

　スマホをやめることは、もちろんできないよね。でも、触れる時間を短くすることはできる。デジタル・デトックスという言葉、聞いたことあるかな？　「デジタル・デトックス」とは、スマホなどのデジタル機器の使用を自分から控えること。デトックスは、本来毒物を排出することだけれど、スマホの使用を一時的にでも減らすことによって、目の疲れがとれたり、よく眠れたりするという。勉強や食事のとき、あるいは、だれかと会うときなどにスマホを机の引き出しやかばんのなかにしまっておくのもいい。とくに、寝る前は最低でも1時間は、スマホに触れないようにすべきだね。暇を持てあますと思うかもしれないけれど、音楽を聴いてもいいし、じっくりと本を読んでもいい。

　本を読むと脳は能動的にはたらきはじめるし、さまざまな知識がつけば、その知識が情報を判断する根拠になる。情報を読み解く能力を「メディア・リテラシー」というけれど、その力をつけるために、知識は不可欠だからね。読書をすれば、集中力や記憶力もアップする。そして、何よりも思考力を高めることができる。スマホとじょうずに付き合うためにも、スマホに支配されず、あえてときどきスマホから離れて自由な時間を確保すべきだね。

出題例の 解答・解説

出題例 **再録**　あなたの考えるスマートフォンの功罪（よいところ、悪いところ）について具体例を挙げて示しなさい。また、その現状をふまえて、将来に向けてどのようにしていくのがよいのかについて、400字程度であなたの意見を述べなさい。

✿✿ 構想メモを書いてみよう！

▶ **スマホの メリット**　　具体例を挙げてスマホのメリットを示す

- 圧倒的な利便性　➡ 検索でなんでも調べることができる
- すぐれた情報ツール➡ SNSで情報がいち早く手に入る
  ➡ ふだんの生活だけでなく、災害のときに役に立つ

▶ **スマホの 問題点**　　具体例を挙げてスマホの問題点を示す

- スマホ依存　➡ 集中力・記憶力・思考力が低下する
- フェイクニュース➡ 真実とうその区別ができなくなる
  ➡ スマホは便利な反面、人間の思考力を低下させてしまう

▶ **問題の 解決策**　　発見された問題の解決策を明確に提示する

- デジタル・デトックス➡ 集中力・記憶力・思考力の回復
- メディア・リテラシー➡ 情報の真偽（しんぎ）を見抜く力をつける
  ➡ スマホに支配されるのではなく、スマホとじょうずに付き合う

設問の指示に従って、スマートフォンのメリットとデメリットを具体例によって説明する。そのうえで、発見された問題点の解決策を示す。メリットをいかしつつデメリットを減らす方法を提示することによって、将来に向けてどのようにしていくのがよいのかという設問の要求に応えることができる。

合格点まであと一歩の答案例

　私たちの生活において、スマートフォンは欠かせない。①では、普及したことによって、どのような問題があるのだろうか。

　まず、メリットについて考えてみたい。②さまざまな場面でスマートフォンが使われていることによって、ゲームなどのアプリが非常に普及している。③そのため、アプリの制作会社は大きな利益を上げている。④これによる経済効果はかなり大きいと考えられる。⑤便利になった反面、問題も出てきている。⑥もしスマートフォンをどこかに忘れた場合、個人情報が他人に流出することである。また、SNSやゲームも問題である。⑦SNSのトラブルが事件に発展するケースもあるし、ゲームに課金し続けて料金を払えなくなる人もいる。これは未成年者に多い問題である。

　よって、⑧SNSの危険性を学校で教える必要がある。⑨ゲームは、未成年による課金を禁止するとよい。⑩スマートフォンが普及するなか、利用する人は、よく考えて使うことが大切である。

（393字）

全体を通じた コ メ ン ト

　「具体例を挙げて」という設問の指示にたいして「アプリ」や「SNS」「ゲーム」など具体例を挙げている点は評価できる。だが、スマートフォンの功罪を述べるならば、自分以外の他者にたいするメリットやデメリットではなく、自分自身にたいするメリットとデメリットを述べるべきである。また、結論も、他者にたいして将来に向けたアドバイスを傍観者的に述べるよりもむしろ、自分の問題として正面からとらえたほうが高く評価される。

答案例への コ メ ン ト 🖉

➡❶：△　今回の問題は、スマートフォンの功罪と解決策を求めているので、最初に問題提起をする必要はない。

➡❷：△　ゲームなどのアプリが普及していることが自分にとってのメリットなのか、ほかの人にとってもメリットなのかがわからない。

➡❸：△　利益が増えるのはアプリの制作会社にとってのメリットであって、自分にとってのメリットではない。

➡❹：△　経済効果も、自分にとっての直接的なメリットではない。

➡❺：✕　便利になったという内容がここまでに書かれていない。

➡❻：△　情報流出は、SNSのやり取りからであることが多い。忘れ物を知らせるスマホの場合、ロックがかかるため情報流出は起きにくい。

➡❼：△　自分以外の他者の問題として論じている。

➡❽：△　SNSの問題の解決策が学校任せになっている。

➡❾：✕　課金の問題の解決策も会社任せになっている。また、課金を禁じた場合、アプリの利益が減少し、経済効果がうすれてしまう。

➡❿：✕　結論部分が他人事（ひ と ご と）だという印象を受ける。また、「よく考えて使う」ではどのように使うのかがまったくわからない。

神 髄 3

問題にたいして傍観者になってはいけない！

スマホのメリット

スマートフォンのメリットは、まず、インターネット検索が、調べものに役立つ点である。またSNSを利用すれば、多様な人びととつながることもできるし、情報もいち早く伝わる。とくに、災害時にはどの場所にどのような救援が必要なのかという情報を現地からリアルタイムで伝達することができる。

スマホの問題点

一方、スマホにはデメリットもある。スマホに気を取られると、集中力が低下するし、スクロールしながらでは、読みが浅くなる。それでは、フェイクの可能性もある情報の真偽を正確に判断するような深い読解をしているとはいえない。つまり、スマホに頼りすぎると、思考力が低下する危険がある。

問題の解決策

この問題を解決するには、つね日ごろから情報の真偽を見抜く力を身につける必要がある。そのためには、意識的にスマホから離れ、静かに読書をする時間をつくることによって、集中力や思考力を回復させ、スマホとじょうずに付き合うべきであると、私は考えている。

（396字）

全体を通じた コ メ ン ト 🖉

　自分にとってスマートフォンがどのような点において役に立つか、また、どのような点において問題なのかについて、当事者意識をもちながら具体的にメリットとデメリットを述べている点がすばらしい。さらに、問題の解決策にかんしても、他人事（ひとごと）のように述べるのではなく、自分自身でも取り組める方法を提示している点において、評価が高い。

答案例への コ メ ン ト 🖉

➡❶：○　スマートフォンの代表的なメリットをシンプルに説明している。

➡❷：○　SNSのメリットを具体的に説明している。

➡❸：◎　非常事態におけるSNSの有効性を示すことができている。

➡❹：○　スマホのデメリットを具体的に説明している。デメリットが生じる原因まで説明しているので、わかりやすい。

➡❺：◎　「フェイクニュース」という現代的な問題について触れている。また、フェイクニュースを含む情報にたいして、スマホの利用者が十分な読解力をもっていないという問題を指摘している。

➡❻：◎　スマホのデメリットを抽象的にまとめている。

➡❼：○　問題解決の方法をシンプルに提示している。

➡❽：◎　問題解決の方法を具体的に示している。問題を自分自身の問題としてとらえ、自分にも可能な解決方法を提示している。

神 髄 4
問題にたいして当事者意識をもちながら書く！

人工知能

AIによって世界はどう変わるのか

頻出ランク ★★★★★

これがテーマの 神髄 だ！

★人工知能（AI）とは何か
- 特化型人工知能 ⇒ p.33 ➡ 1 つのことに特化した人工知能
- 汎用人工知能 ⇒ p.34 ➡ さまざまな課題を処理できる人工知能
- シンギュラリティ（技術的特異点） ⇒ p.34
  ➡ AI が進化し、人間の知能を超える状態になること
- 機械学習 ⇒ p.35 ➡ データの注目点を事前に人間が指示する
- ディープラーニング（深層学習） ⇒ p.35
  ➡ AI がデータの注目点を自律的に判断して賢くなる

★AIの実用例
❶ 利便性向上➡音声認識 ⇒ p.33 ➡ロボット掃除機
　　　　　　　 検索エンジン ⇒ p.36 ➡自動翻訳など
❷ 安全性向上➡完全自動運転 ⇒ p.33 ➡交通事故の削減
❸ 作業効率化➡コールセンター・高頻度取引（HFT） ⇒ p.37
❹ 医療効率化➡画像診断・過去の論文や臨床データとの照合
❺ 農業効率化➡ AI と GPS ⇒ p.37 を駆使した効率的な農業

★AIにたいする懸念
❶ AI によって人間の仕事が奪われる可能性
❷ 倫理的な問題が生じる可能性
  - 事故が起きた場合、責任の所在が不明になる可能性がある
  - 事故の原因を AI 自身は説明できないという問題がある
    ➡倫理的問題を考慮しつつ AI の研究開発を進めるべき
    である

テーマ 解説

>> 実際の出題例を見てみよう！

→ 解答・解説は p.39

→ 解答・解説は p.39

出題例

あなたの考えるAIのいかし方について、そのアイデアを400字程度で具体的に説明しなさい。また、もしAIを使うことに懸念がある場合には、そのことについても述べなさい。

（石巻専修大学・理工学部／改）

◆ AIとは何か

スマホに話しかけると、答えてくれますよね？
あれって、**AI**だと思うんですけど……

　そう、スマホの音声認識アシスタント機能は、人工知能の技術を使っているといわれている。だから、AIの一種だといえるよ。「AI」とはArtificial Intelligenceの略称で、「人工知能」と訳されるけれど、明確な定義は定まっていないんだ。いちおう定義しておくと、「人工知能」とは、人間にしかできないような高度な知的作業や判断を行なう人工的なシステムということ。たとえば、言語の理解、論理的推測、経験による学習などによって、分析や判断をする。人工的につくられた人間のような知能と考えてもいいと思うよ。

　ちなみに、スマホの音声認識など1つのことに特化したAIを「特化型人工知能」という。たとえば、ロボット掃除機に搭載されたAIや、完全自動運転を行なうAIも特化型だよ。Google（グーグル）が開発した囲碁プログラム「**AlphaGo**」（アルファ碁）は世界トップのプロ棋士に勝利したけれど、これも特化型人工知能の代表的な例だね。

それにたいして、特定の課題に取り組むのではなく、人間のように
さまざまな課題を処理することが可能な人工知能を「汎用人工知能」
という。これは、現在実用化に向けて研究が進んでいる。<u>できること</u>
<u>の範囲に注目した場合、人工知能は、このように特化型人工知能と汎</u>
<u>用人工知能に分類される。</u>

> 人間のような能力って……　人工知能が人間のよ
> うな意識をもつという意味ですか？　なんだか怖
> い気もします……

　それは、人間のような意識や知性をもつAIだね。そのようなAIを
「強いAI」、知性の一部のみをもつAIを「弱いAI」ともいう。人間の
ような意識や知性をもつかもたないかという点に注目して、強いAI
と弱いAIに分類するんだ。
　汎用人工知能や強いAIはいまのところ実用化されていないから、
ミホさんもそれほど怖がる必要はないと思うよ。実現にかんする予測
もさまざまで、いつ実現するかはわからないんだ。

◆シンギュラリティ

　汎用人工知能や強いAIが実現するとすれば、それは、人工知能が
シンギュラリティ（技術的特異点）に到達するときであるともいわれ
ている。<u>「シンギュラリティ」とは、未来において人工知能が急速に</u>
<u>進化し、人間の知能を超える状態になること。</u>その後も、もちろん人
工知能は進化し続けるだろうけれど、人間の能力を超えるポイントが
シンギュラリティなんだ。人工知能の世界的な権威といわれているレ
イ・カーツワイル氏は、2045年にシンギュラリティが起きると予測
している。シンギュラリティが起きた場合、<u>人間の知能を超えた人工</u>
<u>知能自身が、プログラムを改良し進化し続ける可能性があると考えら</u>
<u>れる</u>ため、人間は、AIがその後どのように進化するかを想像するこ

とすらできなくなるともいわれている。ただし、これはあくまでも予測にもとづく仮説であって、AIには人間のような身体と感覚器官がなく、経験から物事を類推する力が弱いので、シンギュラリティは起こらないだろうという意見もある。

人間の知能を超えるかもしれないなんて……　でも、どうして人工知能って、そんなに賢くなっていくんですか？

◆機械学習とディープラーニング

　人工知能が学習する方法として、機械学習とディープラーニングの2つがある。「機械学習」とは、わかりやすくいえば、人間が知識や経験を身につけることによって判断していることをコンピュータにもさせること。具体的には、人工知能に、事前に人間の手を加えた大量のデータを学習させることによって、人工知能がパターンや特徴のデータを蓄積し、未知の物にたいしても、それがなんなのか推測できるようにすることだよ。たとえば、ネコのデータを学習した人工知能はイヌとネコの写真のなかからネコの写真を選び出すことができるようになる。

　この機械学習をさらに進めたのがディープラーニング。「ディープラーニング」とは、人間の神経細胞をモデルにしたニューラルネットワークによる学習のこと。ネットワークが多層になっているので、「深層学習」ともいう。ディープラーニングの特徴は、データから学習するときに、データのどの部分に注目するかというパターンや特徴を自分で見つけ出すところにある。機械学習の場合、データのどの部分に注目するべきかを人間が事前に指示する必要があるのにたいして、ディープラーニングの場合は、人工知能が注目するポイントを自律的に判断して賢くなっていくんだ。たとえば、機械学習の場合には

ネコの顔の形やひげの長さなどの特徴をコンピュータに指示する必要があるけれど、ディープラーニングの場合には何も教えなくてもネコの特徴を自分で把握する。だから、より人間に近いともいえるんだ。

AIが賢いことはよくわかりました。AIを活用すれば、未来は明るいのですね！
でも、実際AIって、どんなことに使うんだろう？

◆ AI の実用例

33ページにスマホの音声認識アシスタント機能、ロボット掃除機、自動運転を例として挙げたけど、これらの精度はさらに上がっていくと思われる。とくに、自動運転は、完全自動運転化に向けて研究と開発が進んでいる。自動運転のメリットは利便性や快適性の向上だけど、交通事故の大幅な削減も期待されている。じつは、<u>交通事故の多くは人間のミスが原因</u>なんだ。人間は、疲れて集中力が低下することもあるし、感情的になることもある。それが「ヒューマンエラー」というミスを生む。その点、AIは疲れを知らないし、感情的にならない。だから、<u>AIを活用した完全自動運転の交通システムをつくれば、交通事故を減らすことは可能</u>だよね。

ほかにAIが活用されている例として挙げられるのは、やはり検索エンジン ➡ p.22 だよ。Google（グーグル）などの検索エンジンは、ウェブサイト内のキーワードやユーザーの滞在時間などを学習し、質の低いコンテンツや有害なコンテンツを排除している。それによって、ユーザーが必要な情報にアクセスしやすくしているんだ。ちなみに、インターネット上でユーザーの好みに合わせた広告や、おすすめの商品を表示する技術にも、AIは使われているよ。

さらにAIは、コールセンターでも使われているという。音声認識機能によってAIが、会話を文字として記録すると同時に内容を分析

し、問題解決につながる情報をオペレーターに提示するんだ。また、カード会社も、クレジットカードの利用パターンをAIで把握して、パターンから大きくはずれたり不正利用のパターンと合致したりしたときは、利用者に連絡するシステムを採用するようになっているという。今後、システムの精度が上がるにつれてカード被害は減少すると期待されている。

　AIの活躍の場は、まだまだある。文章を読んで構文を理解したり似たような内容の文章を選んだりするだけでなく、音声入力によって自動翻訳もできるし、テーマを与えれば文章を書くこともできる。また、画像や映像に写っている特定の物体も認識できるから、監視カメラによる人間の識別も可能だよ。

　金融市場においても、AIは欠かせない。コンピュータがミリ秒、すなわち1000分の1秒よりも短い時間で利益が出ると判断し、株などの購入と売却の自動発注をくり返す、いわゆる「高頻度取引」（HFT）を行なっているのはAIなんだ。

　これ以外にも、医療においては、AIを活用した画像診断、あるいは、過去の論文データや臨床データとの照合によって、より正確な診断がくだせるようになるといわれているし、農業分野でも、AIとGPS（全地球測位システム）を駆使して効率化が進むと考えられている。

　今後も、AIが衛星画像のデータからSNSのつぶやきまで、あらゆるデータを学習し、分析することが、さまざまなことの実現につながると考えられている。ちなみに、AIが取り込む大量で多種多様なデータのことを「ビッグデータ」 ⇒ p.14 というよ。

AIって、人間にできることを人間以上にじょうずにやりそうですね。でも、なんでもAIに任せていいのでしょうか？　なんか、心配になってきました……

◆ AI にたいする懸念（けねん）

　そうだね。AIが人間の仕事を奪うことを心配する人も多い。たしかに、データや数字を扱う仕事、単純なデスクワークは、AIが代替する可能性が高い。でも、その反面、創造的な発想や人間的なコミュニケーションが必要な仕事はAIの苦手分野なので、AIにとって代わられることはないと考えられている。

　AIの普及と同時に出てくるのは、やはり倫理的な問題だね。たとえば、万が一だけど、完全自動運転の車が事故を起こしたとき、責任の所在が不明になる問題がある。責任はAIの開発者にあるのか、所有者にあるのか、ドライバーにあるのか、明確にはわからない。事故原因にかんしても、AIにはアルゴリズムがあるだけで、判断の理由を説明してくれるわけではないんだ。

　さらに、AIを搭載した兵器の開発が進んでいることなど心配すればきりがないけれど、大切なのは人工知能の特性をよく理解したうえで共存することだね。人工知能は、確率や統計、分析は得意だけれど、意味の理解は苦手なんだ。一方、人間は経験から総合的に判断し、物事の意味を深く理解することができる。だとすれば、人間の役割は、AIの時代に対応する倫理観を構築しつつ、AIの研究開発を慎重に進めることになるね。

出題例の 解答・解説

出題例 再録 あなたの考える AI のいかし方について、そのアイデアを 400 字程度で具体的に説明しなさい。また、もし AI を使うことに懸念がある場合には、そのことについても述べなさい。

✿✿ 構想メモを書いてみよう！

AIの プラス面　　AIのいかし方について具体的に説明する

- 利便性の向上 ➡ 完全自動運転の実現
- 生産性の向上 ➡ 完全自動運転ならば車内で仕事もできる
- 安全性の向上 ➡ 人為的ミスに起因する事故を防ぐ
    - ➡ 疲労や感情の変化によって人間はミスをする可能性がある
    - ➡ ヒューマンエラーのないAIによって、事故の削減が可能

AIの マイナス面　　AIを使うことへの懸念を説明する

- 責任の所在が不明 ➡ 責任は、AI？　開発者？　運転手？
- 判断の理由が不明 ➡ AIは、判断の理由を説明してくれない
    - ➡ 事故が起きた場合、原因も責任の所在もあいまいになってしまう

結論　　AIを使うときに大切なことを述べる

- 研究開発は倫理的問題を考慮して慎重に行なうべきである
    - ➡ 責任の所在など、AIの進化に対応する倫理観を構築すべきである

> まず、AI の活用法について具体的に述べる。アイデアを求められているが、独創性を出そうとして突拍子もないことを書く必要はない。また、懸念があるのは当然なので、予想される懸念を書くと同時に、懸念を払拭するために必要なことも書くとよい。

①AIとは、人間のような知能をもつコンピュータである。AIによっ
て、人間の生活がより便利になるだろう。とくに私が期待しているの
は、AIが仕事の生産性の向上に貢献する面である。

　②たとえば、AIは単純作業を高速で処理することが得意である。③そ
のため、たんにデータを入力する作業ならば、人間よりもAIに任せ
たほうが、圧倒的にスピードが速いし、確実だ。今後、このような単
純作業は、人間ではなくAIがするようになるだろう。そうなれば、
人間がやるより生産性は間違いなく向上する。

　④しかし、AIが単純作業をすることに不安を感じる人も多い。それ
は、AIに仕事を奪われると思うからである。⑤AIによって生産性が
上がると仕事がなくなるのは、事実である。しかし、私はそれをよい
ことだと思う。⑥なぜなら、単純作業は、価値のない仕事だからであ
る。⑦AIに仕事を奪われた人間は、AIができないような価値のある
仕事のスキルを磨くべきである。

（398字）

全体を通じた　コ　メ　ン　ト　🖉

　「AIのいかし方」という問題にたいして、AIの定義から始めてAIの得
意な点を述べ、その後AIへの不安と、それへの対処法を順序よく説明
している点は評価できる。ただし、設問に「具体的に」と書かれている
ことに注意しよう。「データに入力する作業」という説明では、なんの
データを入力するかわからないため、具体性に欠ける。「データ」の
「入力」によって実際に何が可能になるのか、それを具体的に述べると
評価が高くなる。

答案例への コ メ ン ト

➡❶：△　AIを定義しようとしている点は評価できる。

➡❷：△　具体例を挙げようとしている点は評価できる。だが、「単純作業を高速で処理する」のはAIの特性の1つにすぎないので、それによって何ができるのかを具体的に述べるべきである。

➡❸：△　「データを入力する作業」という表現だけでは、どのようなデータを入力し何ができるのかがわからない。それを具体的に述べるべきである。

➡❹：○　AIを使うことへの懸念(けねん)が述べられている点は、評価できる。

➡❺：△　「仕事がなくなる」という表現は言いすぎ。仮定の話なので、「仕事がなくなる可能性がある」という表現に変えるべきである。また、それはどのような種類の仕事なのかを説明すべきである。

➡❻：△　「価値のない仕事」という表現は言いすぎである。

➡❼：×　「AIができないような価値のある仕事」とは、どのような仕事なのか。また、スキルの磨き方も具体的に説明すべきである。

神 髄 5

具体化が必要なときには、しっかりと具体化する！

合格点がもらえる答案例

● AIの プラス面

　私が考えるAIの活用法は、自動車の完全自動運転である。完全自動運転が実現すれば、利便性や快適性が向上するだけでなく、車内で仕事もできるため、生産性も向上する。また、自動車の事故の多くが人間のミスから起こることを考えれば、ヒューマンミスの起こらない完全自動運転の場合、事故を大幅に減らし、安全性を飛躍的に向上させることも可能である。

● AIの マイナス面

　一方、AIによる完全自動運転によって、万が一事故が起きた場合、責任の所在が不明になるという懸念もある。事故の責任がAI自体にあるのか、AIの開発者にあるのか、ドライバーにあるのか、わからない。また、AI自体は、判断の理由を説明してくれないので、事故の原因も不明になる可能性が高い。

● 結論

　AIは人間に恩恵を与えてくれるが、その恩恵は、不安や心配と表裏一体である。したがって、AIの開発は、責任の所在など、倫理的問題の解決をはかりつつ慎重に進めるべきである。

（389字）

全体を通じた コ メ ン ト

　設問の指示に従って、「AIのいかし方」にかんする「アイデア」を「具体的」に「説明」している。まず、AIによって実現するテクノロジーが人間にどのような恩恵を与えるかを述べ、次に、そのような恩恵がある反面、AIの実用化には、不安や心配など懸念もあることを説明している。また、結論部分では、それまでの内容を抽象化し、さらに、懸念が生じる問題を解決するために必要なことを指摘している点も評価が高い。

答案例への コ メ ン ト

- ➡❶：○　AIの活用法を具体的に示している。
- ➡❷：○　AIを活用した技術のプラス面を具体的に説明している。
- ➡❸：◎　AIによる完全自動運転が交通事故という社会問題の解決にもつながる技術であることを指摘している。
- ➡❹：◎　AIによる完全自動運転によって生じる可能性がある倫理的問題を指摘している。
- ➡❺：◎　懸念の内容を具体的に説明している。
- ➡❻：○　別の角度からAIによる完全自動運転の問題点を指摘し、論を補強している。
- ➡❼：◎　「恩恵」と「不安や心配」という言葉によって、いままでの内容を抽象化することができている。
- ➡❽：◎　問題解決の方向性を示すことができている。

神・髄 6

具体と抽象のコントラストを明確にする！

理系という選択

科学における基礎研究と応用研究の行方　**頻出ランク** ★★★★★

これがテーマの 神髄 だ！

★理系という選択
① ジェンダー ⇒ p.46 への偏見➡男子が多く、女子が少ない
② 理科離れ ⇒ p.46 ➡次世代の研究者や技術者が育たない
　　　　　　　　➡リケジョ ⇒ p.45 への期待が高まる

★科学的なモノの見方
● 自然科学 ⇒ p.47 の方法
● 仮説 ⇒ p.47 ➡実験・観察➡検証・証明➡法則性の発見
● 具体的な現実を扱う場合➡経験科学 ⇒ p.47
● 抽象的な構造を扱う場合➡形式科学 ⇒ p.47

★基礎研究と応用研究
① 基礎研究 ⇒ p.48
　興味関心、好奇心による研究➡役に立つかどうかわからない
② 応用研究 ⇒ p.48
　基礎研究の成果を実用化して役立てるための研究
③ 開発研究 ⇒ p.48
　最終的な製品化を目指す研究
④ リニアモデル ⇒ p.49 ➡基礎研究➡応用研究➡開発研究
⑤ 国家によるイノヴェーション（技術革新）⇒ p.49 の推進
　短期間で利益の出る研究が求められる➡基礎研究の軽視
　　➡研究者が基礎研究に専念できる環境を整える必要性

テーマ 解説

≫ 実際の出題例を見てみよう！

→ 解答・解説は p.51

出題例
「『必要は発明の母である』とは、よく知られた格言である。しかし、偉大なる発明は必要を作りだす」これは、ある著名な科学者の言葉である。「偉大なる発明」にたいして、基礎研究はどのような位置づけにあると考えられるか、あなたの考えを 400字程度で述べなさい。

(東京大学・理科Ⅱ類／改)

◆ 理系という選択

> 理系の大学を目指していますっていうと、「リケジョ」っていわれます……
> 理系に行く女子が特別扱いされている感じがするのですが……

たしかに、理系を選択する女子の割合は少ない。「リケジョ」というのは理系の女子学生や研究者を意味する言葉だけれど、理系の学部では女子の比率が少ないから、そのような言葉が使われると考えられる。また、同じ理系学部においても、生物学や農学、畜産学、医歯薬系の学科にくらべて、数学や物理学・工学・コンピュータ科学の学科においてはさらに女子の比率が低いから、その道を目指す女子は特別だと思われている。

進路における男女の差は世界的傾向だけれど、日本はとくに男女差がある国だよ。たとえば、**OECD**（経済開発協力機構）諸国の工学部卒業生に占める女性の比率は平均で約25％だけれど、日本の工学部卒業生に占める女性の比率は約10%にすぎない。

どうして男子は理系で女子は文系がふつうだと決めつけるのでしょうか？　たしかに中学や高校にもそんな雰囲気がありました……

　そうだね。そこには、ジェンダーにたいする思い込みがある。「ジェンダー」とは、社会的・文化的に形成された男女の性のイメージ、わかりやすくいうと、男らしさ、女らしさのこと。たとえば、一般的に親は、男の子には子どものころから乗り物やブロックなどメカニカルなおもちゃを与える一方、女の子には人形やままごと道具などかわいいおもちゃを与える傾向がある。こういう、男は男らしく、女は女らしくというすり込みは、子どものころから始まっているんだ。また、男子は数学や理科が好き、女子は英語や国語が好きというイメージにとらわれているからなのか、中学や高校では、教師が理科や数学の問題を男子にばかり解かせようとすることもあるという。進路指導でも、女子であることを理由に文系への進学を勧める教師もいるというから、ジェンダーにたいする思い込みや偏見は根深いといえるね。

　じつはいま、日本では理科離れが起きていると指摘されている。「理科離れ」とは、子どもたちが理科にたいする興味や関心を失い、学力も低下していること。少子化で若い人が減少する傾向が続くことに加えて、このまま理科離れも続くと、次の世代の理系の技術者や研究者が育たなくなる可能性が高くなってしまう。

　このような状況において、ほんとうは理系の勉強が大好きで理系学部に進もうとしていたのに、周囲の人びとの思い込みによって理系への進学を断念する女子がいたら、もったいないよね。女子の進路選択がもっと自由になり、女子が自信をもって理系の分野に飛び込んでいくことは、技術者や研究者不足の解消にもつながるんだ。リケジョへの期待は高まっているよ。

これからは自信をもって、私はリケジョですといいます！　でも、理系というだけで、まじめとか理屈っぽいっていわれるんですけど……

◆科学的なモノの見方

　それは、いいことだね。理系の基本は科学的なモノの見方を身につけることだからね。自然科学において研究者は、対象を客観的にとらえ、実験や観察を重ねて法則にかんする仮説をつくり、さらに実験や観察を続けることによって、その仮説を検証し、証明する。実験においては、その日の気温や湿度、道具の状態などの条件によって結果が左右されることもあるかもしれないけれど、実験をくり返すことによって、偶然に左右されることのない一定の傾向がわかってくる。そのようにして普遍的な法則を発見しようとするのが自然科学の基本だから、理系の人が、まじめで理屈っぽいのは当然のことだよ。

　また、自然科学にはこれ以外にも方法がある。たとえば、気象のしくみを研究する気象学においては、対象が複雑なので、普遍的な法則というよりも統計的に高い確実性を示し、理論を構築することが重要になってくる。さらに、理系には、数学のように実験や観察をしない分野もある。ほとんどの自然科学が現実を対象として実験や観察をするのにたいして、数学は現実ではなく抽象的な構造を扱うので、自然科学を「経験科学」、数学を「形式科学」とよぶこともある。

　いずれにしても、具体的な現実を客観的にとらえ、実験や観察によって仮説を検証したり、データを解析して理論をつくり上げたり、抽象的な構造を論理的に思考したりする理系の見方は、研究だけでなく、さまざまな場面で必要になってくると思うよ。

なんだか理系であることに誇りをもてる気がしてきました！　でも、理系の研究って、どんなことに役立っているんですか？

◆ 基礎研究と応用研究

　大学での研究には、大きく分けて基礎研究と応用研究の2種類がある。「基礎研究」とは、将来なんの役に立つかどうかわからないけれども、研究者が純粋に自分の興味や関心、知的好奇心のおもむくままに研究すること。それにたいして、「応用研究」とは、基礎研究の成果を実用可能な技術などに転換して役立てることを目的とする研究だよ。たとえば、理学部は基礎研究が中心だけれど、工学部や薬学部は応用研究が中心だといわれている。さらには開発研究という言葉もあるけれど、「開発研究」は、基礎研究や応用研究の成果をいかして最終的な製品化を目指す研究で、おもに民間企業の内部で行なわれているんだ。

「なんの役に立つのですか」という質問は、基礎研究の研究者にとっては、答えにくい質問なんだ。たとえば、「カミオカンデ」という観測装置によるニュートリノの観測の成功によって2002年にノーベル物理学賞を受賞した小柴昌俊氏は、「その成果は、将来なんの役に立つのでしょうか」というメディアの質問にたいして「まったく役に立たない」と答えたという。でも、子どもたちが宇宙や素粒子の研究に興味をもつきっかけになるならば、それは役に立つことになるし、その後の学問の研究につながっていることは間違いない。でも、研究が直接社会の役に立つかといわれたら、役に立たないといわざるをえないよね。

基礎研究って、ロマンがありますね。理系のイメージって、まさにそれです！　それが応用研究や開発研究につながるわけですね。

　基礎研究をやっていれば、それが応用研究、さらには開発研究につながり、生活を豊かにするという考え方は「リニアモデル」とよばれている。科学が進歩すれば、それが技術革新を生み出し、自然に経済成長していくという考えだよ。

　しかし、じつはいま、そのようなリニアモデルでは経済を発展させるためには不十分だと考えられている。そのため、大学の理系学部や企業に研究開発を任せるのではなく、むしろ、国家が政策として研究成果を市場化する制度を整えてイノヴェーション（技術革新）を起こそうとしているんだ。たとえば、アメリカでは「バイ・ドール法」という法律によって、政府の資金で研究開発された発明であっても、その事業化を促進するため特許などにかんする知的財産権を大学の研究者や民間企業が保有できるようになった。Google（グーグル）などシリコンバレーのICT（情報通信技術）　 p.9 　関連企業の多くは大学の研究者や博士課程の学生によって起業されているけれど、大学の研究成果を特許にして商業的に成功したんだ。バイ・ドール法によって新たなベンチャー企業が続々と誕生したアメリカでは、理系は、ばく大な富を生み出し、経済的な発展を可能にする学問と考えられている。日本でも、バイ・ドール法と同じような内容の法律が制定されているよ。日本でも、比較的短期間で利益を上げることが理系に求められるようになったともいえる。

そうなると、基礎研究が軽視されてしまうのではありませんか？ 経済的利益も大切かもしれないけれど、基礎研究も大切だと思います！

　そのとおり！ ミホさん鋭いね。基礎研究は、すぐに役立つわけではないけれど、社会に貢献するような大きな成果につながることがある。たとえば、下村脩氏は、オワンクラゲなど発光生物の研究によって緑色蛍光タンパク質を発見し、2008年にノーベル化学賞を受賞している。緑色蛍光タンパク質は、生命現象を可視化するツールになるので、いまでは生命科学や医学の研究に役立っているんだ。また、オートファジーのメカニズムを分子レベルで解明した功績によって2016年にノーベル生理学・医学賞を受賞した大隅良典氏も、「実験の9割は失敗で心が折れそうになることもあるが、失敗の過程でちがう発見がある」「気持ちに余裕をもっていると、あるときパラダイム・シフト（ある時代の人びとの考え方を規定しているものの見方が転換すること）が起こせる」と述べている。さらに、免疫を抑制するタンパク質の発見をがん治療薬であるオプジーボの開発につないで2018年にノーベル生理学・医学賞を受賞した本庶佑氏も、「自分の受賞が基礎研究にかかわる研究者を勇気づけることになれば、それが喜びだ」と発言している。そして、リチウムイオン電池の開発者の1人として2019年にノーベル化学賞を受賞した吉野彰氏も、「研究者は役に立たない研究を一生懸命やってほしい」「目的があってするのではなく、好きな研究をする」「そのほとんどはむだになるが、むだをやらないと、とんでもないものは出てこない」と述べている。これらの発言に共通するのは、未来に向けて研究者が基礎研究に専念できる環境を整えることの大切さだね。

出題例の 解答・解説

出題例 **再録** 「『必要は発明の母である』とは、よく知られた格言である。しかし、偉大なる発明は必要を作りだす」これは、ある著名な科学者の言葉である。「偉大なる発明」にたいして、基礎研究はどのような位置づけにあると考えられるか、あなたの考えを 400 字程度で述べなさい。

✿✿ 構想メモを書いてみよう！

基礎研究の マイナス面　　基礎研究が役に立たない面を述べる

- 科学者の興味や関心、知的好奇心が研究の動機になっている
  ➡ 役に立つかどうかわからない・研究がむだになる可能性もある

基礎研究の プラス面　　基礎研究が役に立つ面を述べる

- いつか役に立つ可能性がある
- 具体例➡リチウムイオン電池
  ➡ 実用化まで15年以上かかったが、さまざまな需要を生んでいる

結 論　　偉大なる発明と基礎研究の関係性を述べる

- 基礎研究は「偉大なる発明」の基盤である
  ➡ 将来イノヴェーション（技術革新）を起こすためにも、基礎研究に専念できる環境を十分に整えるべきである

　基礎研究のプラス面を強調したいので、最初にマイナス面を述べ、次にプラス面を述べる構成にする。また、主張に説得力をもたせるため、具体例を挙げる。さらに、位置づけが問われているので、「偉大なる発明」と基礎研究の関係を述べ、結論とする。

合格点まであと一歩の答案例

　基礎研究は、興味を満たすための研究である。よって、本来は研究者が自分自身でお金を用意して行なうものであった。しかし、産業革命後の科学技術の進化によって、基礎研究が技術開発につながることがわかると、公的な援助が行なわれるようになった。つまり、偉大なる発明のために役立つと思われたのだ。

　公的援助の目的は、個人の興味を満足させることではない。大切なのは、その成果が国民に還元され経済が豊かになることである。国の財政が豊かならば、すぐれた研究者の興味に税金を投入することも許されるが、税金の使い道にたいして厳しい目が向けられるようになると、結果を出すことが求められてくる。

　基礎研究にお金が行かなければ、若い研究者は育ちにくい。しかし、成果のない研究への投資はむだになる可能性が高い。したがって、これからは偉大なる発明につながるかどうかを客観的に見きわめて、予算をバランスよく配分すべきである。

(392字)

全体を通じた コメント

　「偉大なる発明」にたいする基礎研究の位置づけが問われているのに、問いにたいして正面から答えていない。全体を通じて基礎研究にかんする歴史や一般的な考えを述べることに終始している。また、結論部分において「予算をバランスよく配分すべきである」と述べているが、これも一般論であるため、自分の意見があいまいで、どっちつかずという印象を与えている。

| 答案例への | コ | メ | ン | ト |

➡❶：○　基礎研究を簡潔な言葉で定義している。

➡❷：△　基礎研究の歴史の話になってしまっている。

➡❸：△　これも基礎研究の歴史の話になってしまっている。今回の問題では、基礎研究の歴史ではなく、「偉大なる発明」にたいする位置づけが問われているので、歴史の話が続くと、問いに答えていないという印象を受ける。

➡❹：○　テーマにもどろうとしている。

➡❺：△　一般論になってしまっている。

➡❻：△　これも一般論になってしまっている。

➡❼：△　これも財政にかんする一般論である。

➡❽：○　テーマにもどろうとしている。

➡❾：△　再び一般論になってしまっている。

➡❿：×　「偉大な発明」につながるかどうかは未来のことなので、わからないはずである。また、「予算をバランスよく配分する」という考えも一般論である。結論では、一般論ではなく、自分の意見を明確に述べるべきである。

| 神 | 髄 | 7 |

結論として一般論を述べてはいけない！

基礎研究の マイナス面

①基礎研究とは、科学者が自分の興味や関心、知的好奇心を動機にしてする研究である。②そのため、研究が役に立つか、その時点では、わからず、研究がむだになる可能性もある。

基礎研究の プラス面

③しかし、基礎研究は将来役に立つ可能性を秘めているのも事実である。④たとえば、リチウムイオン電池の研究は、実用化まで15年以上かかったが、現在、リチウムイオン電池は、世界じゅうのスマートフォンやパソコン、電気自動車に搭載されているだけでなく、スマートグリッド用の蓄電池としても使われるようになり、環境問題への貢献が期待されている。⑤これは基礎研究による「偉大なる発明」が必要を生み出した一例である。

結 論

⑥したがって、基礎研究は、「偉大なる発明」の基盤であり、技術革新を起こすために不可欠な研究である。⑦未来における「偉大な発明」を実現するためには、その基盤である基礎研究に研究者が没頭できる環境を大切にするべきである。

(381字)

全体を通じた コ メ ン ト 🖉

「偉大なる発明」にたいして基礎研究はどのような位置づけにあると考えられるかという問いについて、まず、基礎研究のマイナス面を述べ、次にプラス面を述べることによって、基礎研究が「偉大なる発明」の基盤であり、その「偉大なる発明」がさらに需要をつくり出すことを説明している。また、意見とともにリチウムイオン電池の具体例を提示しているために、説得力のある答案になっている。

答案例への コ メ ン ト 🖉

- ➡❶：○ 基礎研究を定義している。
- ➡❷：○ 基礎研究の問題点を簡潔に説明している。
- ➡❸：○ 基礎研究のプラス面について述べている。
- ➡❹：◎ 基礎研究が実用化し、役に立った具体例を挙げている。現実の例を挙げることによって説得力が増している。
- ➡❺：○ 具体例を簡潔な表現で抽象的にまとめている。
- ➡❻：◎ 「偉大なる発明」にたいして基礎研究はどのような位置づけにあるのかという問いについて、簡潔に自分の考えを述べている。
- ➡❼：○ よりよい未来を実現するため、現在において何が必要なのか、ということを指摘している。

神 髄 8

具体例を挙げると説得力が増す！

科学と社会の関係

テーマ 5

科学技術の進化がもたらす光と闇

頻出ランク ★★★★★

これがテーマの 神髄 だ!

★トランス・サイエンス

❶ トランス・サイエンス的問題 ⇒ p.57
- ➡一見科学的だが、科学だけでは解決できない問題
- ➡専門家に一般人を加え、社会全体で議論すべきである

❷ 原子力発電所事故
- ●1979 年：スリーマイル島原発事故 ⇒ p.58
- ●1986 年：チェルノブイリ原発事故 ⇒ p.58
- ●2011 年：福島第一原発事故 ⇒ p.58
  - ➡再稼働か脱原発か、社会的な議論が必要

❸ 遺伝子組み換え作物 ⇒ p.59
- ●安全性に不安をいだく人びとがいる
- ●環境への影響も心配されている

❹ リニア新幹線 ⇒ p.60
- ●地下水脈など生態系 ⇒ p.61 への影響が心配されている
- ●電磁波の人体への影響を心配している人もいる
- ●巨大地震発生時に安全性が確保されるかどうか不安がある

★コンコルドの誤謬

- ●コンコルドの誤謬 ⇒ p.62
  - ➡投資した資金や労力、時間を惜しんで事業を継続し、損失を さらに増やしてしまうこと
  - ➡トランス・サイエンス的問題として扱うべきである

テーマ　解　説

≫ 実際の出題例を見てみよう！

→ 解答・解説は p.63

出題例　リニア新幹線の開通は、その沿線都市にさまざまな変化をもたらすと考えられる。リニア新幹線によって沿線都市が受ける利点と課題について、あなたの考えを400字程度で述べなさい。

（名古屋工業大学・工学部第一部・創造工学教育課程／改）

◆ トランス・サイエンス的問題

> 科学技術って、万能ですか？　それとも万能ではないのですか？　それがわからなくなってきました！

　ミホさん、それは哲学的ともいえる難しい問いだね。科学の進歩に終わりはないと考えれば科学は万能だともいえるけれど、科学によるさまざまな弊害を考えると、じつは、科学が万能だとはいいきれない。科学だけでは、解決できない問題があるんだ。

　このような問題を「トランス・サイエンス的問題」という。「トランス・サイエンス」は、アメリカの核物理学者アルビン・ワインバーグ氏が、1972年に提唱した概念だよ。ワインバーグ氏は、世の中には、科学だけで解決できる問題と、一見科学的だが科学だけでは解決できない問題があり、現代では科学だけでは解決できない問題が増えていると主張し、「トランス・サイエンス」と命名した。科学だけでなく、哲学や思想、一般市民の考えなど、社会全体を巻き込んで考える必要がある、と考えたんだ。ミホさん、そういう問題って、たとえばなんだろう？

私はやはり、原子力発電だと思います！
原子力発電の問題は、科学者だけでなく、みんな
の意見を参考にして、考えるべきです！

　そうだね。たとえば、原子力発電所には、何重にも安全監視システムがある。かつ、そのすべてが同時に故障する確率はきわめて低い。ここまでは科学者に共通する意見だけれど、では、そこで低い確率を根拠にして「事故は起こりえない」といってよいのか、それとも、いくら確率は低くても起きたときの深刻さを考えて「事故は起こりうる」というべきなのかという問題になると、科学者の意見は分かれる。つまり、科学では答えが出せなくなるんだ。そのため、この問題はトランス・サイエンス的問題として扱う必要が生じる。<u>科学者などの専門家と一般市民がコミュニケーションをとることによって、原子力発電のあり方を考えるべきだ</u>と、ワインバーグ氏は考えたんだ。

　しかし、残念なことに、1979年にはスリーマイル島原発事故、1986年にはチェルノブイリ原発事故、2011年には福島第一原発事故という、重大な原子力発電所事故が起きてしまった。

　ワインバーグ氏によれば、トランス・サイエンス的問題にたいして科学者がとるべき態度は、<u>どこまでが科学によって解明でき、どこからは解明できないのか、その境界を明確に示す</u>ことだという。福島第一原発事故の場合、地震や津波にたいして「想定外」という言葉が使われたけれど、災害などの発生可能性にかんしても、科学者は、わからないことは、正直にわからないというべきだね。また、事故や災害の発生する確率がどれほど低くても、科学者は安易に大丈夫などというべきではないね。

　原子力発電にかんしては、将来的な事故のリスクだけでなく、事故後に放出されている低線量の放射線のリスクをどのようにとらえるかという問題、増え続ける汚染水の問題、廃炉のコストの問題、放射性

廃棄物の最終処分方法や最終処分場の選定にかんする問題など、社会全体で議論すべき問題は多い。安全性を高めて再稼働を進めるべきか、それとも、脱原発を目指すべきかについては、専門家だけでなく一般の人びとも考える必要がある。

◆ さまざまなトランス・サイエンス的問題

みんなで考えるって、とてもよいことだと思います！　ほかにも、トランス・サイエンス的な問題ってありますか？

　たとえば、遺伝子組み換えって聞いたことがあるかな？　「遺伝子組み換え」とは、作物にほかの生物の遺伝子を直接組み込み、新しい性質をもたせる方法のこと。そのような作物を「遺伝子組み換え作物」とよぶよ。本来、農作物は野生植物から安全で栄養豊かな品種を選び出して栽培植物とし、それを風土や地質に合わせて長い年月をかけて交配し、品種改良してつくり上げたものなんだけれど、遺伝子組み換えを行なえば、短期間で人間が望む性質を与えることができるという。特定の除草剤に強い性質を与えれば、その除草剤を使うことによって効率よく作物を生産できるし、害虫に強い性質を与えれば、その害虫を駆除するための農薬の使用を減らすことができるというわけだ。現在、日本で流通している遺伝子組み換え作物は、おもに、トウモロコシ、大豆、菜種、綿実だけれど、これらは食用油の原料になり、残った油かすは家畜の飼料として利用されている。

　一方、遺伝子組み換えを不安に思う人びともいる。遺伝子組み換え作物が100％安全かどうかはわからないし、健康に害を及ぼさないという保証はないからね。また、遺伝子組み換え作物に使われる特定の除草剤の安全性を心配する人もいる。

　さらには、環境への影響も心配されている。遺伝子組み換え作物の

花粉が飛散した場合、周辺の他の農場でつくられている在来種（ざいらいしゅ）の作物が受粉（じゅふん）し、交雑（こうざつ）することによって、いつの間にか遺伝子組み換え作物になってしまうケースも十分に考えられるんだ。その場合、生物多様性が損なわれる可能性すら出てくるよ。

　ちなみに、アメリカのバイオ企業は、冬のあいだは成長ホルモンを分泌（ぶんぴつ）しないアトランティック・サーモンに、キングサーモンと1年じゅう成長ホルモンを分泌するゲンゲ科の深海魚の遺伝子を組み込んだ結果、通常の半分の期間で、体長2倍、重さ2倍にまで成長する巨大サーモンであるアクアドバンテージ・サーモンを開発したという。遺伝子組み換えは、植物だけでなく、動物の世界に拡大しつつあるんだ。やはり、この問題にかんしても、専門家だけでなく、社会全体で議論する必要があるね。

遺伝子組み換え作物ですか……　食べ物だから、やはり関心があります！　ほかにも、いま社会で議論すべきことって、ありますか？

　現在進行形の問題を、もう一つ挙げるならば、リニア新幹線だろうね。「リニア新幹線」とは、超電導電磁石によって約10cm浮上しながら高速で走行する新幹線のこと。最高速度が時速約500kmで、品川駅（しながわ）と名古屋駅（なごや）を40分、品川駅と新大阪駅を67分で結ぶ予定らしい。まず、2027年までに品川〜名古屋間の開業を目指し、その後、2037年までに品川〜新大阪間の全線開業を計画しているという。

　もちろん、リニア新幹線が開業したら、沿線の人びとは便利になるよね。とくに、いままで新幹線がなかった山梨県や長野県南部の人びとは、東京や名古屋、大阪に行く時間を大幅に短縮できる。そうなると、故郷から大都市に毎日通勤することも可能になるかもしれない。さらに、東京と名古屋と大阪という3つの大都市間の移動時間も短く

なるから、経済効果も見込めるし、都市からの観光客の増加を期待している人も多いと思う。

　しかし、リニア新幹線には、懸念もある。品川〜名古屋間の86%がトンネルなんだけれど、そこから排出される残土の処分先がなかなか決まらないという。また、水枯れの問題もある。トンネルを掘ることによって地下水脈が分断されるため、地下水や河川の水が減少、あるいは枯渇する可能性がある。山梨県ではイワナやヤマメが生息していた川が枯れたケースが報告されているし、静岡県の大井川の水量が減少するという予測もあるよ。とくに、リニア新幹線は、南アルプスの地下を通過するため、南アルプスの生態系への影響を心配する人びともいる。

　環境だけではない。騒音公害や振動公害はどの程度発生するのか、電力消費量が多いのではないか、周辺住民や乗客にたいする電磁波の影響はないのか、巨大地震に耐えられるのか、地震や停電のとき安全に緊急停止できるのか、トンネル内で事故が起きた場合に脱出経路は確保できるのかなど、不安な点を挙げればきりがない。

　この問題も、未来の環境や人の命にかかわる問題なのだから、専門家は、情報を公開して一般の人びとにていねいに説明すべきだし、一般の人びとも関心をもって議論に参加すべきだと思うよ。

◆コンコルドの誤謬

> 科学の研究から生まれたことが、社会全体の問題になるんですね……　理系を目指す者の責任を感じます！

　ミホさんは、「科学の価値中立性」って聞いたことがあるかな？科学は、純粋に客観的な真理を追究する学問であり、善悪とは無縁である。科学は、役に立つこともある一方、使い方によっては危険を生み出す、いわゆる「両刃の剣」であるが、それを善に用いるか、悪用するかは、科学者ではなく科学を利用する人しだいである、という考え方だよ。でも、原子力発電や遺伝子組み換えなど、人類の役に立つと考えていた科学技術が思わぬ危険を生み出してしまう可能性もある。科学が社会に与える影響の大きさを考えると、科学者が科学の価値中立性を守り続けるのは難しい時代だともいえるね。

　また、コンコルドの誤謬という問題もある。「コンコルドの誤謬」とは、ある対象に金銭的・精神的・時間的投資をし続けることが損失を増やす結果になるとわかっているのに、それまでの投資をおしんで投資がやめられない状態のこと。「コンコルド」は、イギリスとフランスが共同開発し、1969年に初飛行に成功した超音速旅客機。燃費が悪いことや定員の少なさ、衝撃波など、問題が多かったけれど、投資した金額がばく大で、製造中止の判断に時間がかかり、損失を増やしてしまったんだ。

　同じようなことは、今後も起こる可能性があるよ。だからこそ、そのような問題は、トランス・サイエンス的問題として科学者や専門家だけでなく社会全体で議論すべきなんだ。

出題例の 解答・解説

出題例 再録 　リニア新幹線の開通は、その沿線都市にさまざまな変化をもたらすと考えられる。リニア新幹線によって沿線都市が受ける利点と課題について、あなたの考えを400字程度で述べなさい。

✿✿ 構想メモを書いてみよう！

リニア新幹線の利点 　**リニア新幹線の利点を具体的に示す**

- 利便性向上 ➡ 移動時間短縮・観光客の増加
　　　　　　➡ 経済効果が期待できる

リニア新幹線の課題 　**リニア新幹線の課題を具体的に示す**

- 環境破壊 ➡ 地下水や河川の水の減少や枯渇（こかつ）・生態系破壊
- 安全性　➡ 巨大地震が起きた場合の対応策
　　　　　事故や災害時の避難経路の確保など

結論 　**課題の解決につながる策を明確に提示する**

- 情報の公開　　　　　➡ 専門家は、すべての情報を公開すべきである
- トランス・サイエンス➡ 一般の人びとも議論に参加すべきである
　➡ 未来の環境や人命にかかわる問題
　➡ 「想定外」の出来事が起こらないように、環境保全と安全対策を徹底的に行なうべきである

> 　設問の指示に従って、まず、リニア新幹線によって沿線都市が受ける利点を述べ、次に、沿線都市の課題について述べる。そして、結論部分では、発見された問題の解決につながる方法を述べる。たとえ完全に解決することは難しい問題でも、解決への方向性を示すことは可能である。

合格点まであと一歩の答案例

　現在、超電導磁気浮上式リニアモーターカーの技術を導入したリニア新幹線への期待が高まっている。リニア新幹線が実現すれば、日本において、東京、名古屋、大阪という3大都市が1つの大きな市場になる可能性もある。また、リニア新幹線は、災害にも強く、地球にやさしい国土を形成することができる。

　だが、その反面、リニア新幹線の沿線都市には、課題もある。リニア新幹線の駅ができるところとできないところの格差が拡大することである。東海道新幹線が走っている地域はともかく、東海道新幹線の駅もリニア新幹線の駅もない場所は、観光客が来ることもほとんどなくなり、過疎化が進んでしまうだろう。

　しかし、東海道新幹線が開業したことによって、沿線都市が発展してきたことも事実である。私たちに必要なのは、東海道新幹線が果たしてきた役割を通じてリニア新幹線の必要性を明らかにし、リニア新幹線の受け皿となる地域づくりを進めることである。

（397字）

全体を通じた コメント

　リニア新幹線の利点と課題を順に述べようとしている点は評価できる。ただし、「災害にも強く」や「地球にやさしい」というように利点が挙げられているものの根拠が書かれていないので、根拠を示すべきである。また、結論部分において「リニア新幹線の受け皿となる地域づくり」と述べているが、それがどのような「地域づくり」なのかがまったくわからない。立派な言葉を並べるだけでなく、具体的に説明すべきである。

答案例への コ メ ン ト

➡❶：○　リニア新幹線を定義しようとしている。

➡❷：◎　東京、名古屋、大阪という3つの都市が、リニア新幹線の開
業によって1つの経済圏になる可能性に言及している。

➡❸：×　「災害にも強く」と書かれているが、根拠が示されていない。
また「地球にやさしい国土を形成する」とも書かれているが、
リニア新幹線がなぜ「地球にやさしい」のか、その根拠も示さ
れていない。根拠を示すべきである。

➡❹：○　駅があるところとないところの格差は、沿線都市の課題であ
る。

➡❺：×　今回の問題は、リニア新幹線の沿線都市の利点と課題である。
したがって、東海道新幹線について述べる必要はない。

➡❻：×　東海道新幹線が経済発展に貢献したのは事実だが、人口が減
少している現在、その成功体験がそのままリニア新幹線に当て
はまるかどうかは未知である。また「リニア新幹線の受け皿と
なる地域づくり」がどのような「地域づくり」なのかがまった
くわからない。具体的に説明すべきである。

神 髄 9

主張のあとで、根拠を示す！

リニア新幹線の利点

リニア新幹線が開通した場合、沿線都市の利便性は向上する。東京や名古屋、大阪という大都市までの移動時間が大幅に短縮するからである。また、都市からの観光客も増えることが見込まれる。その結果、経済効果が期待できる。

リニア新幹線の課題

一方、リニア新幹線には課題もある。たとえば、トンネルを掘る過程で地下水脈に当たった場合、地下水や河川の水が減少したり、枯渇したりするケースがあるという。そのため、貴重な南アルプスの生態系を保全できなくなる可能性がある。また、地震や災害、事故のとき、乗客の安全は確保されるのか、その不安を完全に払拭できているとは、いえないだろう。

結論

この不安を取り除くには、科学者など専門家は情報を開示して説明すべきであるし、一般の人びとも、議論に参加すべきである。近未来に「想定外」の出来事が起きるのを避けるためにも、環境保全と安全対策には万全を期すべきである。

（375字）

全体を通じた コ メ ン ト

　リニア新幹線が沿線都市に与える利点と課題を順に述べ、最後に結論として、課題の解決につながる方法を述べている。利点も課題も具体的に説明しているので、わかりやすい。また、課題の発見だけで終わらせず、結論部分において、問題解決への方向性を示している点も評価できる。小論文において、問題が発見された場合、解決策を述べるのがベストだが、完全な解決が難しい場合は解決への方向性を示すとよい。

答案例への コ メ ン ト

- ➡❶：○　リニア新幹線の利点をシンプルに説明している。
- ➡❷：○　利便性が向上する理由を述べている。
- ➡❸：○　別な視点からリニア新幹線の利点を述べている。
- ➡❹：○　具体的な利点を抽象的な言葉でまとめている。
- ➡❺：○　リニア新幹線が沿線都市に与える環境面における課題を具体的に説明している。
- ➡❻：○　環境面における課題を「生態系」というキーワードでまとめている。
- ➡❼：○　リニア新幹線の安全面での課題を具体的に説明している。安全性も沿線都市の住民にとっては重要な課題である。
- ➡❽：◎　科学者だけでなく一般人も含めて問題の解決を目指すのは、トランス・サイエンス的な方法である。
- ➡❾：◎　「環境保全」と「安全対策」をキーワードにして、問題解決につながる方法を具体的に示している。

神 髄 10

問題を発見した場合、解決への方向性を探る！

街づくりと建築

テーマ **6**

「高齢化」と「人口減少」時代の街づくり　　頻出ランク ★ ★ ★ ★ ★

これがテーマの 神髄 だ！

★高齢化に対応する街づくり

❶　バリアフリー ➡ p.69 の推進が不可欠

　　➡エレベーターやエスカレーターの設置率➡目標 100％

　　➡ノンステップバス ➡ p.70 ・リフト付きバス ➡ p.70 の導入

　　➡多目的トイレ ➡ p.70 の増設

❷　ユニヴァーサルデザイン ➡ p.71 の採用

　　➡高齢者や障害者だけでなく、性別・年齢・国籍・文化を問

　　　わず、だれでもわかりやすく利用しやすいデザイン

★人口減少に対応する街づくり

❶　ドーナツ化現象 ➡ p.72

　　➡市街地の空洞化・シャッター商店街 ➡ p.72 の増加

❷　コンパクトシティ ➡ p.73 の必要性

　　➡街を人口に合わせて縮小する・効率化によるコスト削減

　　➡一定の地域内に施設を配置し、公共交通機関で結ぶ

　　➡トランジットモール ➡ p.73 ➡歩いて楽しめる街の実現

★個性ある街づくり

❶　歴史的建造物を残していかす

　　➡街のシンボル・住民のアイデンティティのよりどころになる

❷　無電柱化 ➡ p.74 を推進する

　　➡街の景観を美しくする・災害時の安全性を高める

テーマ　解　説

≫ 実際の出題例を見てみよう！

➡ 解答・解説は p.75

出題例　「地方創生」の時代に地域の街づくりはどのようにあるべきか、あなたの考えを 400 字程度で述べなさい。

（東京都市大学・都市生活学部／改）

◆ 高齢化に対応する街づくり

街づくりって、具体的にどうすればいいのか……
まったくイメージがわきません！

　日本において高齢化が急速に進んでいるのは、ミホさんも知っているよね。だから、まずお年寄りたちが安心して外出できるような街にする必要がある。そのためには、街づくりにおいてバリアフリーを徹底すべきだよ。「バリアフリー」とは、障害者や高齢者の生活の障壁となるものを取り除くという考え方のこと。もともとは建築用語で、道路や建物の入り口の段差などを取り除くことを意味していたけれど、いまでは、物理的な障壁だけでなく、社会的・制度的・心理的な障壁を取り除くという意味でも使われている。バリアフリーを徹底すれば、お年寄りや車いすの人だけでなく、ベビーカーを押す父親や母親も助かる。また、いまは健康でも、人はいつ、けがや病気をするかわからないし、いまは若くて元気でも、高齢者にならない人は存在しない。つまり、バリアフリーは、すべての人びとにとって障壁となるものを除去することだともいえるんだ。

だれもが弱者になる可能性がある。だから、弱者にやさしい街づくりをしておく必要があるってことですね！

　そのとおり！　たとえば、駅の構内のエレベーターやエスカレーターの場合、1日の平均利用者が5,000人以上の駅は100％に近い設置率だけれど、全部の駅だと設置率は60％に満たない。40％以上の駅にエレベーターやエスカレーターが設置されていないんだ。車いすを運ぶ可動式のリフトが設置されているケースもあるけれど、利用するときは、つねに駅員の補助が必要であるため、心理的な障壁を感じる人もいるという。バリアフリーを徹底するならば、まずは車いすでそのまま乗ることのできるエレベーターやエスカレーターを全部の駅に設置すべきだね。また、利用者が多い駅でも、上下線のホームにエレベーターがそれぞれ1基だけというところが多いから、高齢者が増えればエレベーターが足りなくなる可能性が高い。構造上これ以上設置するのが難しいケースもあるかもしれないけれど、できるかぎり、エレベーター、あるいは車いすでも利用可能なエスカレーターを増やすべきだよ。さらに、子どもからお年寄りまで、利用者の安全性を考えれば、ホームドアも100％設置を目指すべきだね。

　バリアフリーは、駅にかぎらない。バスにかんしても、歩道とのあいだに、ほとんど段差のないスロープ付きのノンステップバスや、車いすを持ち上げることのできるリフト付きバスを増やすべきだし、段差にはスロープ、歩道橋にはエレベーターを設置すべきだね。また、車いすのまま入ることができることに加えて、オストメイト（人工肛門・人工膀胱保有者）にも対応し、おむつ換え用のベッドやベビーチェアも備えた多目的トイレの数も増やせば、お年寄りだけでなく、障がい者や子ども連れの人も安心して外出することができるよね。

たしかに、だれもが安心して外出できるような街づくりって大切ですね！　日本を訪れる外国の人たちも一時期は増えていたし……

　そうだね。そこで最近注目されているのが、ユニヴァーサルデザインという考え方なんだ。「ユニヴァーサルデザイン」とは、すべての人びとのためのデザイン。年齢や性別、文化や国籍、障害の有無などに関係なく、できるだけ多くの人びとにとって、わかりやすく、利用しやすいデザインのことだよ。建築家でデザイナーのロナルド・メイス氏が提唱した概念で、バリアフリーが障がい者や高齢者を対象にしているのにたいして、ユニヴァーサルデザインは、障がい者や高齢者に限定せず、すべての人びとを対象にしている点がちがうんだ。バリアフリーを徹底すればすべての人にとって安心できる環境を実現できるとは思うけれど、ユニヴァーサルデザインは、そこにあるバリアを除去するのではなく、最初からバリアのない設計をするという考え方なんだ。厳密にいえば、駅にある車いす用の可動式リフトはバリアフリーだけれど、みんなが乗るエレベーターはユニヴァーサルデザインだし、車いす専用のトイレはバリアフリーだけれど、だれもが利用する多目的トイレはユニヴァーサルデザインなんだ。どちらも大切だけれど、ミホさんがいうように、日本を訪れる、あるいは日本で暮らす外国人のことを考えると、今後はユニヴァーサルデザインの考え方が重視されると思うよ。

ちなみに、ユニヴァーサルデザインの7原則は次のとおり。

① だれでも公平に使えること
② 使ううえで柔軟性があること
③ 使い方が簡単で直感的にわかること
④ 必要な情報がすぐにわかること
⑤ ミスを許容すること
⑥ 身体的な負担が少ないこと
⑦ 十分な大きさとスペースが確保されていること

◆ 人口減少に対応した街づくり

自分たちが住む街だからこそ、よい街にしたいものですね！　住みやすい街にするために、ほかにもできることってなんだろう？

　いま問題になっているのは、日本の各地で市街地が空洞化していることだね。これを「ドーナツ化現象」というよ。郊外に巨大なショッピングセンターやロードサイド型店舗、ファミリーレストラン、ファストフード店などが次つぎに建てられる一方、市街地の商店街がさびれてしまい、いわゆる「シャッター商店街」になってしまっているケースが多い。また、敷地の広い郊外に大きな病院や公共施設が移転しているケースがある。

　郊外に店舗や病院、公共施設があると車で移動しなければならないから、高齢になって免許を返納すると、高齢者は、買い物だけでなく、病院や公共施設にも行きにくい。じつは、車のない交通弱者にとってとても不便な世の中になっているんだ。

　この問題を解決するため、都市の郊外化を抑制し、市街地のスケールを小さく保ちながら住みやすい街づくりをしていこうというのがコ

ンパクトシティの考え方だよ。そもそも、人口減少時代において人口に合わせて街を縮小することは不可欠だし、街をコンパクトにすることによって郊外に広がる道路や上下水道などを維持するコストを削減することもできる。

　ただし、「コンパクト」といっても、駅前などの中心市街地の建物にすべての機能を集約するのではなく、一定の地域内に、商業施設や公共施設、病院などを配置し、ノンステップバスや超低床電車などの公共交通機関で結ぶのが現実的だと思うよ。一定の地域内は、自動車の進入を禁止し、公共交通機関で移動できるようにして、歩道を拡張したり、広場を整備したりする。それと同時に、ベンチを増やせば車がなくても歩いて出かけやすい雰囲気の街になるよね。ちなみに、自動車の通行を制限して、歩行者と公共交通機関を優先的に通行できるようにする街路のことを「トランジットモール」というよ。

　中心部から自動車を排除した、歩いて楽しめる街としては、フランクフルトやチューリッヒ、フライブルクなどヨーロッパの都市が代表的だけれど、日本にも成功例がある。それは香川県高松市の丸亀町商店街だよ。

　丸亀町商店街では、商店街の上層階をマンションにして人が住める商店街を実現し、商店街を、たんなる消費の場から生活の場に転換したんだ。丸亀町商店街には、日用雑貨や生鮮食料品を扱う店だけでなく診療所もあるので、日常生活で必要なことの大半を商店街のなかですますことができるという。かかりつけの医者が近くにいるのは何よりも安心だよね。もちろん、アーケードがあるから雨にもぬれないし、エレベーターの設置など、バリアフリーも徹底している。その結果、商店街には、以前のような活気がもどってきたというんだ。空き店舗もゼロだというよ。まさに、地方創生のお手本のような街だね。

◆個性ある街づくり

たしかに、人が住むことができる商店街って、個性的で魅力的だと思います。街の個性って大切ですよね！

　個性といえば、じつは丸亀商店街には、大正時代に建てられ、空襲^{くうしゅう}で被災しながらも焼け残った銀行の建物がいまも現存して営業しているんだ。このような歴史的建造物を残していかすことも、街の個性を大切にすることにつながると思うよ。明治や大正、昭和初期に建てられた近代建築だけではない。城や城跡はもちろん、各地の神社やお寺も、未来に向けて大切にすべき歴史的建造物だといえる。街のシンボルになるし、住民のアイデンティティのよりどころになるケースもあるからね。

　また、街の個性を大切にすることと同時に意識したいのは、街の景観をよくすることだね。日本の街並みの風景には統一感が欠けているけれど、無電柱化を推進すれば景観を改善することは可能だよ。「無電柱化」とは、電線を地下に埋設^{まいせつ}することによって道路上から電柱をなくすこと。電柱と電線がなくなることによって街並みが美しくなるし歩道も広くなるから、車いすやベビーカーが通行しやすくなる。さらに、地震や台風のときにも、無電柱化が進んでいれば電柱が倒れたり電線が切断したりしないから、緊急車両の妨げになることもないし、感電する事故も回避できる。無電柱化を推進することは、街の景観をよくすると同時に、災害時の安全性を高めるために不可欠なんだ。国土全体は難しくても、せめてコンパクトシティの内側は無電柱化すべきだよね。

出題例の 解答・解説

出題例　再録「地方創生」の時代に地域の街づくりはどのよう
にあるべきか、あなたの考えを 400 字程度で述べなさい。

✿✿ 構想メモを書いてみよう！

序 論	地方創生の時代を定義し、街づくりの方向性を述べる

● 地方創生の時代 ➡ 高齢化と人口減少が進む時代
　　　　　　　　　➡ 高齢化と人口減少に対応した街づくりが必要

本 論	街づくりの具体策を提示する

● バリアフリー　　　➡ 高齢者や障がい者の生活のバリアを取り除く
● コンパクトシティ　➡ 公共交通機関で各種の施設を結ぶ
● トランジットモール➡ 歩行者と公共交通機関優先の街路
● 無電柱化　　　　　➡ 街の景観をよくする・災害時の安全性を高める
　　　　　　　　　　➡ 高齢化と人口減少への対応策を具体的に提示す
　　　　　　　　　　　る

結 論	街づくりにおいて大切なことをまとめる

● 歩いて出かけることができ、歩くことを楽しめる街
　　➡ 高齢化と人口減少に対応することは、じつは、すべての人びとに
　　　とって暮らしやすい魅力的な街を実現することになる

> 　序論、本論、結論の3段構成で書く。序論では、地方創生の時代を定義し、
> そのような時代における街づくりの方向性を示す。また、本論では、地方創生
> 時代の街づくりにおける具体策を提示する。最後に、これまでの内容を抽象
> 的にまとめると同時に、街づくりにかんする自分の意見を述べ、結論とする。

❶ 都市と地方の格差が拡大しているいまの時代において、最近注目を浴びているのが、「ゆるキャラ」を利用したまちおこしである。

❷ 地元のPRキャラクターとして「ゆるキャラ」を使うことによって地域の活性化に取り組んでいる地方自治体や商店街は、約1,000あるといわれている。 ❸ 「ゆるキャラ」の知名度を使えば自治体や商店街のPRになり、観光客や地元の名産品の売上が増加する。 ❹ 「ゆるキャラ」のなかでもとくに有名なのは、熊本の「くまモン」だ。 ❺ 「くまモン」は、関連グッズの売上も多く、ばく大な経済効果があった。 ❻ また、熊本に観光客が押し寄せるようにもなった。 ❼ その結果、ほかの地方自治体も、「ゆるキャラ」を活用した地方の活性化を目指すようになったのである。

❽ 街づくりは、さまざまな地域ごとに行なわれているが、これからは、「ゆるキャラ」のような流行に頼るだけでなく、市民が中心になって、地元の特徴をいかした街づくりを進めるべきである。

(398字)

全体を通じた コ メ ン ト

「地方創生」を実現する方法として「ゆるキャラ」を提案しているが、問われているのは「まちおこし」ではなく、「街づくり」である点に注意したい。したがって、知名度を上げて観光客を呼ぶよりむしろ、住民が住みやすい街をどのようにつくり上げていくのかという視点が必要である。結論部分で突然「地元の特徴をいかした街づくり」について述べようとしているが、設問に答えるならば、そこをくわしく述べるべきである。

答案例への　コ　メ　ン　ト　✎

➡❶：✕　「まちおこし」ではなく、「街づくり」について問われている。したがって、最初からテーマがずれてしまっている。

➡❷：✕　約1,000の自治体や商店街で「ゆるキャラ」が使われているとするならば、都道府県ごとに20前後の「ゆるキャラ」が存在することになり、すでに飽和状態であることが推測できる。

➡❸：△　事実として、間違ってはいない。

➡❹：△　事実として、間違ってはいない。

➡❺：△　事実として、間違ってはいない。

➡❻：△　事実として、間違ってはいない。

➡❼：△　事実として、間違ってはいないが、少し昔の出来事である。熊本における過去の成功例が未来において、そのままほかの地方自治体にも当てはまるとはかぎらない。

➡❽：✕　第2段落までの話と内容がずれている。「ゆるキャラ」に頼らない、「市民」が進める「地元の特徴をいかした街づくり」とは、どのような街づくりなのか。そのことを最初から述べるべきである。

神　髄　11
最初と最後の内容がずれないように注意する！

序論

①地方創生の時代とは、全国各地で高齢化と人口減少が進む時代である。②したがって、今後は、高齢化と人口減少に対応しながら地方を活性化するような街づくりが不可欠である。

本論

③高齢化に対応するには、まず、車いすで移動できるようにエレベーターを設置するなど、バリアフリーを徹底すべきである。④また、人口減少に対応するには、街を縮小し、店舗や病院など各種施設をバスや路面電車で結ぶコンパクトシティにする必要もある。⑤車を排除し、公共交通機関を優先するトランジットモールを整備し、ベンチも増やせば、車がなくても歩いて用事をすますことができる。⑥さらに、無電柱化を進めれば、景観が美しくなると同時に、災害時の安全性も高まる。

結論

⑦目指すのは、歩くこと自体を楽しむことができる街づくりである。⑧高齢化と人口減少に対応することによって、その街がすべての人にやさしい街になっていくと、私は考えている。

(378字)

全体を通じた コ メ ン ト 🖊

　まず序論で地方創生の時代とはどのような時代なのかを定義し、その時代に即した街づくりの方向性を示している。本論では、高齢化と人口減少という2つの課題に対応する街づくりの方法を、「バリアフリー」や「コンパクトシティ」「トランジットモール」というキーワードを使用しつつ具体的に提示している。結論では、内容を抽象化し、さらに自分の意見を加えている。全体的に論理的一貫性のある答案になっている。

答案例への コ メ ン ト 🖊

➡❶：○　地方創生の時代を定義できている。

➡❷：○　地方創生の時代の街づくりの方向性を示すことができている。

➡❸：○　高齢化に対応する具体策を、「バリアフリー」というキーワードを用いて説明している。

➡❹：○　人口減少に対応する具体策を、「コンパクトシティ」というキーワードを用いて説明している。

➡❺：◎　「トランジットモール」というキーワードを用いて、「コンパクトシティ」の内容を説明している。ベンチを増やすなど具体的に書いているのでわかりやすい。

➡❻：○　街を魅力的にすると同時に、街の安全性を高める具体策を提示している。

➡❼：◎　どのような「街づくり」を目指すのか、自分の言葉で抽象的にまとめることができている。

➡❽：◎　「あなたの考えを述べなさい」という設問の指示に従って、最後に自分の考えをしっかりと述べている。

神 髄 12

論理的一貫性を大切にする！

都市問題と地方問題

「都市集中」か、それとも「地方分散」か ［頻出ランク］ ★ ★ ★ ★ ★

これがテーマの 神髄 だ！

★日本の問題点

- 持続可能性 ⇒ p.81 にかんして危機的な状況にある
    - ➡政府の債務残高が GDP（国内総生産）⇒ p.81 の約2倍
- 人口減少
    - ➡格差拡大➡未婚化 ⇒ p.81 ・晩婚化 ⇒ p.81
    - ➡ 出生率の低下➡人口減少
    - ➡シャッター商店街 ⇒ p.81 ・買い物難民 ⇒ p.81 の増加

★都市集中型か地方分散型か

- 持続可能性があるのは地方分散型 ⇒ p.82
    - ➡ただし、地方の雇用の促進による税収確保が必要
    - ➡公共交通機関や再生可能エネルギー ⇒ p.82 の活用も必要

★地方分散型を実現する方法

- 街をコンパクトシティ ⇒ p.83 にする
- 再生可能エネルギーの活用
    - ➡太陽光発電 ⇒ p.83 ・風力発電 ⇒ p.83 ・地熱発電 ⇒ p.83
      小水力発電 ⇒ p.83 ・バイオマス発電 ⇒ p.83
- 地域移住者へのサポート
    - ➡地域おこし協力隊 ⇒ p.84 の充実
    - ➡住宅支援➡空き家の利用➡空き家バンク ⇒ p.84 と連携
- グリーンツーリズム ⇒ p.85 ➡地域の魅力を伝える
- 日本版 CCRC ⇒ p.86 ➡大学と連携した生涯活躍の街 ⇒ p.86

テーマ 解説

≫ 実際の出題例を見てみよう！

➡ 解答・解説は p.87

出題例

　　人口減少に応じた都市づくりとして「都市集中型」と「地方分散型」のシナリオがある。どちらのシナリオがこれからの日本にとって好ましいと考えるか、いずれか1つを選び、その理由をできるだけ具体的に400字程度で述べなさい。

（熊本県立大学・環境共生学部／改）

◆ 日本の持続可能性

これからの日本って、どうなっちゃうんだろう？
問題がありすぎる気がするのですが……

　たしかに、日本の社会はさまざまな問題を抱えている。なかでもとくに、持続可能性にかんしては、危機的な状況だね。

　日本には、政府の債務残高、すなわち借金が、**GDP**（国内総生産）の約2倍にまで膨れ上がっているという問題がある。また、日本では、生活保護を受けている人の割合が、1995年以降、増加しているという。生活保護を受けるまではいかなくても、非正規雇用で働いているため、雇用や生活が不安定な人も多い。格差が拡大しているんだ。とくに若い人の場合、それが未婚化や晩婚化の原因にもなり、出生率の低下が起きて、人口がさらに減少してしまう問題を生んでいる。いまの日本では、地方都市の市街地が空洞化してシャッター商店街 ➡ p.72 になったり、買い物難民が増えたりするという問題があるけれど、もし、このまま格差が拡大し、出生率の低下によって人口減少が加速すれば、国家が財政破綻する可能性も出てくるよ。

◆ 都市集中型と地方分散型

絶望的ではないですか……　それを避ける方法ってないんですか？　その方法をぜひ知りたいです！

　京都大学と日立製作所（ひたちせいさくしょ）が開発した人工知能 ⇨ p.33 技術によると、日本を破綻（はたん）から救う方法として2つの方法が考えられるという。1つは都市集中型の社会をつくり上げていく方法で、もう1つは地方分散型の社会をつくり上げていく方法だよ。

　AI ⇨ p.33 によれば、都市集中型を選択した場合、企業が推進する技術革新（イノベーション） ⇨ p.49 によって効率化が進むし、政府支出も都市部に集中できるから、財政は改善すると予想されている。でも、その反面、出生率はさらに低下し、格差が拡大すると推測されている。

　一方、地方分散型を選択した場合、出生率が回復し、人口減少に歯止めがかかる可能性がある。また、格差にかんしても、縮小すると予想されている。さらに、個人が自立した生活を送れる期間である健康寿命や、幸福感も増大すると予測されているよ。ただし、政府の財政や環境が悪化する可能性があるため、細心の注意が必要だという。

　持続可能性の点から考えれば地方分散型のほうに可能性があるけれども、それを実現させるためには地域における雇用を促進することによって税収を確保する必要もあるし、地域内部の公共交通機関を充実させたり再生可能エネルギーを活用して地域内のエネルギー自給率を高めたりする必要がある。そうすれば、地域のなかで経済循環が生まれることになる。

◆ 地方分散型を実現する方法

持続可能性が高まるならば、地方分散型にすべきだと思います！　どうすれば地方分散型になりますか？

　まず、地方の街を魅力的にする必要がある。そのためには、テーマ6 で考えたことだけれど、都市の郊外化にともなって中心部にシャッター商店街が増えた地方の街を、スケールを小さく保ちながら住みやすくしてコンパクトシティにすべきだね。また、歩くこと自体を楽しむことができる街をつくり上げれば、地方の市街地が活性化し、地域で経済が循環する可能性も高くなる。街が活性化すれば、そこに雇用も生まれるよね。

　先ほど「経済循環」といったけれど、再生可能エネルギーにも地域を活性化する可能性がある。太陽光発電や風力発電、地熱発電、小水力発電、バイオマス発電など、地域における再生可能エネルギーを利用して地域のエネルギーをまかなえれば、地域経済が活性化すると同時に、持続可能性も高まる。じつは、持続可能性という点では、人口が密集する大都市よりも、自然が豊かで人口の少ない地方のほうがすぐれているんだ。再生可能エネルギーにかんしていえば、大分県では地熱発電、鹿児島県では太陽光発電がさかんだよ。また、富山県では、豊かな水資源と急流をいかした小水力発電がさかんなんだ。

　ちなみに、岐阜県郡上市の石徹白（いとしろ）地区は、過疎化（かそ）が進んで共同体として維持できない状態である限界集落になりかけていたんだけれど、小水力発電による電力の完全自給をきっかけに、特産品を開発したり、カフェを開いたりして、地域の活性化に成功している。この土地に移り住む人も増え、無農薬の自然栽培で野菜を育てている若手の農家もいるという。

◆ 地方移住者へのサポート

持続可能性という点では都会より地方がすぐれているともいえるわけですね……　なんだか地方が魅力的に見えてきました！

　最近の若者は、地元志向が強い。それが地方にとっては希望だよね。そのような若者を支援すれば、地方分散も進むと思う。具体的には、地域おこし協力隊という制度を充実させる方法がある。「地域おこし協力隊」は総務省が始めた制度で、一定の期間、都市部の人材が地域おこし協力隊員として地方に移住し、地域を発展させるための活動をする制度のこと。任期終了後、その地域にそのまま定住する人もいるんだ。

　このしくみでは、実際に地方移住を決意した人にたいするサポートが大切だね。農業に興味がある若者も、先輩農家のアドバイスがあれば心強いと思う。また、住宅支援も不可欠だね。地方分散を政策として進めるならば、公的住宅を充実させる必要があるけれど、それにはコストがかかる。そこで利用したいのが空き家だよ。人口減少と高齢化にともなって、日本全国で空き家が増えている。地方移住を希望する人びとに空き家を借りやすい家賃で貸したり、購入しやすい金額で販売したりすれば、住宅問題も解決に向かう。たとえば、広島県尾道（おのみち）市では、個性的な空き家を再生し、空き家バンクと連携した結果、多くの空き家に人が住むようになり、いまでは希望者にたいして空き家が足りない状態だという。呉服屋だった長屋や眺望（ちょうぼう）抜群の別荘もゲストハウスとして再生され、移住者の雇用を生み出しているんだ。

◆ **グリーンツーリズム**

> ますます地方の生活が魅力的に思えてきました。この魅力を伝える方法って、ほかにはありませんか？

　グリーンツーリズムって聞いたことあるかな？　「グリーンツーリズム」とは、おもに都市に住む人びとが農業や漁業を楽しみながら地方に滞在し、地域の人びとと交流しつつ地域の文化や伝統に触れる休暇の過ごし方のこと。「アグリツーリズム」ともいうよ。これも、地方の魅力を都会の人が知る方法として有効だね。

　たとえば、四国ではグリーンツーリズムがさかんなんだけれど、香川県では、牧場での酪農（らくのう）体験や小豆島（しょうどしま）での農作業が経験できるし、徳島県の場合、地引網漁（じびきあみりょう）や郷土料理づくりが経験できる。また、愛媛県の場合は、フルーツのもぎ取り、高知県の場合は、シュノーケル体験ができるという。ちなみに、大分県宇佐市の安心院町（あじむ）は、都会から来た人びとを農家でもてなし、家族の一員として農作業や料理をいっしょにしながら交流するという独自のスタイルを始めた場所として有名だよ。最初、年間80人だった訪問者も、いまでは年間約1万人にまで増えているという。グリーンツーリズムによって、都会の人びとは自然のよさや食べ物のおいしさに気づいて田舎のよさを知るけれど、その一方で、地方の人びとも、都会の人びとの反応を見て、いままで何もないと思っていた田舎暮らしの価値に気づき、農業という仕事に誇りをもつようになるという。ヨーロッパでは、2〜3週間のバカンスをとるのがふつうだけれど、日本でも、自然に囲まれた農村に長期滞在するようなグリーンツーリズムが普及するといいね。

◆日本版 CCRC

> 私も、田舎っていいなと思います。でも、都会の
> 便利さも捨てきれません。
> 正直なところ、迷いますね……

　実際、いまのところ東京への人口集中が続いている。若い人にとって都会は魅力的だし、仕事も多いからね。東京の大学に進学した場合、出身地にもどらず、東京で就職する若者も多い。でも、その一方、地方にUターンしたりIターンしたりすることを人生の選択肢として考えている中高年も増えているんだ。

　その選択肢の1つとして、CCRCがある。「CCRC」とはContinuing Care Retirement Communityの略称で、仕事をリタイアした人が元気なうちに地方に移住して活動的に生活し、医療や介護が必要になっても同じ場所で継続的にケアを受けられる共同体のこと。もともとアメリカでつくられていたけれど、日本でも、政府が日本版CCRCとして、生涯活躍の街をつくる動きがある。ちなみに、CCRCに興味をもつのは、50代が多いという。これから第2の人生をどう歩むのかを考え始める時期だからね。

　CCRCには、フィットネスやアスレチックジム、テニスコートなどの運動設備やサークル活動など趣味のための施設が併設されていることが多いけれど、地方の大学のキャンパスの近くに大学と連携したCCRCをつくれば、移住した人びとが大学生として再び勉強することも可能になる。まさに生涯学習が実現するんだ。中高年も若い人も、世代を超えて交流できるようなコミュニティができれば理想的だよね。このような日本版CCRCも、地方分散型を実現するための有効な方法の1つだよ。

出題例の 解答・解説

出題例 **再録**　　人口減少に応じた都市づくりとして「都市集中型」と「地方分散型」のシナリオがある。どちらのシナリオがこれからの日本にとって好ましいと考えるか、いずれか1つを選び、その理由をできるだけ具体的に400字程度で述べなさい。

⚙ 構想メモを書いてみよう！

▶ **序 論**　　意見と理由を述べる

- 意見➡ 都市集中型より地方分散型のほうが好ましい
- 理由➡ 持続可能性を高めることが可能だから
  ➡ ただし、エネルギー自給率を高め、雇用を確保する必要がある

▶ **本 論**　　理由を具体化する

- 再生可能エネルギー➡ 地域の持続可能性が高まる
  ➡ 土地の特性をいかした再生可能エネルギーを採用する
  ➡ 太陽光発電・風力発電・地熱発電・小水力発電・バイオマス発電
  例　岐阜県郡上市の石徹白地区

▶ **結 論**　　意見をもう一度述べる

- 結論➡ 持続可能性を高めるには、地方分散型にするべきである
  ➡ 持続可能性という点では、人口が密集する都会よりも、自然が豊かで人口が少ない地方のほうがすぐれている

　序論、本論、結論の3段構成にする。序論では、都市集中型と地方分散型にかんする自分の意見とその理由を簡潔に述べる。次に、本論では、設問の指示に従って理由を具体的に説明する。さらに、実際に存在する例も挙げて例証する。最後に、結論として意見をもう一度まとめる。

合格点まであと一歩の答案例

　地方において、ほかの地域から移住者を増やすのは、重要な課題である。　最近、地方では少子高齢化と人口減少が大きな問題になっている。　とくに、若い世代が都市に出る傾向があり、地域によっては住民の大部分が高齢者の限界集落になっている。

　よって、今後は都市からの移住者を積極的に増やすべきだ。　とくに、近年はスローライフという言葉が流行し、自然環境が豊かな土地で子どもをのびのび育てたいと考えている人が増えている。　都会の人びとにとって、地方の自然環境や住宅は大きな魅力となるはずである。　また、都市部から地方へ移住者を増やすことは、大都市の人口集中の緩和にもつながる。　人口のバランスを整えるためにも、移住者を増やすことは大きなメリットがある。

　このような観点から見ると、都市集中型よりも地方分散型のほうが、これからの日本にとって好ましい。　地方は、地方の魅力を全国にPRして移住者を増やし、活性化していくべきである。

(397字)

全体を通じた コ メ ン ト

　地方への移住を促進すべきであるという意見が述べられているが、理由が明確には示されていない。地方分散型を選択するならば、最初から理由を明示すべきである。また、地方には自然環境という魅力があると述べているが、もし地方が十分に魅力的ならば、地方の人口はそれほど減少していないはずである。したがって、地方によるPRを行なうという提案だけではなく都市からの住民を呼び込める具体策を示すことができれば、説得力のある答案になる。

答案例への コ メ ン ト ✎

➡**❶**：△　間違ってはいない。ただし、一般論である。

➡**❷**：△　一般論として間違ってはいないが、都市部でも少子高齢化や
　　　　　人口減少が進んでいることにも注意すべきである。

➡**❸**：△　事実だが、地方サイドの理由になっている。日本にとって地
　　　　　方分散が好ましい理由としては不十分である。

➡**❹**：△　地方分散につながる意見だが、理由が明示されていない。日
　　　　　本にとって地方分散が好ましい理由を明示すべきである。

➡**❺**：△　「スローライフ」という言葉が流行しているとしても、地方に
　　　　　移住する人がいきなり増えるわけではない。

➡**❻**：△　地方に移住する人が地方で行なう仕事を確保する必要もある。

➡**❼**：△　事実として間違ってはいない。

➡**❽**：△　「メリット」が、だれにとっての「メリット」なのか不明。

➡**❾**：×　「このような観点」と書かれているが、「地方分散型」を選択
　　　　　する理由が漠然としている。理由を明示すべきである。

➡**❿**：×　設問は、地方がすべきことを尋ねているのではない。

神 髄 13
意見を述べる場合には理由を明示すべきである！

序論

① 私は、日本の人口減少に対応するには、「地方分散型」が、「都市集中型」よりも好ましいと考える。② なぜなら、地方分散型のほうが、持続可能性を高めることができるからである。

本論

③ 持続可能性を高める方法として再生可能エネルギーがある。④ 太陽光や風力・地熱・小水力・バイオマスなど、土地の特性をいかした発電方法を採用すれば、エネルギー自給率が高まると同時に、雇用も生まれる。⑤ たとえば、岐阜県郡上市石徹白では、小水力によるエネルギー完全自給をきっかけに、特産品を開発したり、カフェをオープンしたりしたという。⑥ また、移住者のなかには、自然栽培で農業を営む若い人もいる。⑦ つまり、共同体内部で持続可能な経済循環が生まれているのである。

結論

⑧ このように、持続可能性の点では都会よりも自然が豊かで人口の少ない地方がすぐれている。⑨ したがって、持続可能性を高めるためには、「地方分散型」を選択すべきだと、私は考えている。

(389字)

全体を通じた コ メ ン ト ✐

序論では、意見を述べた直後に理由が明示されている。そのため、論理が明快な印象を受ける。また、本論では「理由をできるだけ具体的に述べなさい」という設問の指示に忠実に理由を具体化している。具体例によって抽象的な内容がわかりやすくなっている。さらに、結論では序論と本論で使用した「持続可能性」というキーワードを再び使用し、1つのことをていねいに説明している。これも、高く評価されるポイントである。

答案例への コ メ ン ト ✐

➡❶：○　自分の意見をはっきりと述べている。

➡❷：○　意見の理由を明確に述べている。因果関係がわかりやすい。

➡❸：○　「持続可能性」を実際に高める方法を提示している。

➡❹：○　地方において「再生可能エネルギー」を採用することによって「持続可能性」が高まるプロセスを具体的に説明している。

➡❺：◎　実例を示すことによって、説得力を増している。

➡❻：○　地域が活性化していることを具体的に説明している。

➡❼：◎　具体例の内容を、「持続可能」や「経済循環」という言葉を使って自分なりにまとめている。

➡❽：◎　「持続可能性」という言葉をキーワードにして都会と地方を対比し、結論を導き出している。

➡❾：○　結論を明確に述べている。論理的にも一貫している。

神髄 14
1つのことをていねいに説明する答案の評価は高い！

テーマ 8　自然災害

自然災害への有効な対策とは

頻出ランク ★★★★★

これがテーマの **神髄** だ！

★災害列島日本

❶ 地震が多い
- ➡ 4 枚のプレート ➡ p.93 に囲まれている
- ➡ 世界じゅうのマグニチュード 6 以上の地震の 20% 以上が日本で起きている

❷ 台風や集中豪雨 ➡ p.96 が多い

★災害による被害

❶ 地震の被害
- ➡ 家やビルの倒壊・土砂災害 ➡ p.95 ・液状化現象 ➡ p.95
ライフライン ➡ p.95 寸断・長周期地震動 ➡ p.95
津波 ➡ p.95

❷ 台風や集中豪雨の被害
- ➡ 洪水 ➡ p.96 ・土砂災害・土石流 ➡ p.96
都市型水害 ➡ p.96 ・高潮 ➡ p.96 ・停電

★災害への対策

❶ 地震対策
- ➡ 耐震 ➡ p.97 ・免震 ➡ p.97 ・制振 ➡ p.97 技術の活用
- ➡ 耐震診断の義務化・耐震改修工事への補助の充実
- ➡ ブロック塀や門柱の耐震補強・防災公園 ➡ p.97 整備

❷ 個人にできること
- ➡ 家具や家電製品を固定する・寝室の安全性を確保する
- ➡ 非常用品を常備する・生活用水を確保する
- ➡ ハザードマップ ➡ p.98 の確認・協力体制の構築

テーマ　解　説

>> 実際の出題例を見てみよう！

⇒ 解答・解説は p.99

出題例　最近、日本では地震が多発しています。来たる地震に備えて、「あなた自身」が有効と考える対策を 400 字程度で具体的に記述しなさい。

（愛知工業大学・工学部／改）

◆ なぜ日本は地震が多いのか

> 日本って、世界のなかでも災害が多い国だって聞いたことがあるのですが……　どうして日本は災害が多いのですか？

　たしかに、日本は、外国にくらべて地震や津波、台風や集中豪雨による洪水や土砂災害などの自然災害が発生しやすい国であることは間違いない。たとえば、日本の面積は、世界の約0.25%にすぎないんだけれど、現在も活発に噴火を続けている世界の活火山の約7%は日本にあり、世界じゅうで起きたマグニチュード6（M6）以上の地震の20%以上は日本で発生しているという。

　なぜ日本で地震が多いかというと、日本が4枚のプレートに囲まれているからなんだ。「プレート」とは、地球の表面を覆っている厚さ数十キロメートルの岩板のこと。地球上には10数枚のプレートがあるけれど、このプレートは、地球内部で対流しているマントルの上に乗っかっている。そのため、年間数センチメートルではあるけれども、少しずつ動いているんだ。プレートとプレートは、ぶつかったりすれちがったり片方がもう片方に沈み込んだりしているので、それらのあいだに強い圧力がかかることがあり、その圧力が限界に達したと

きに地下の岩盤が破壊されてずれることによって、地震が起こるという。これは「プレートテクトニクス」という説だよ。

　下の図は、世界の地震分布図だけど、これを見ると、<u>プレートとプレートのあいだで地震がよく起こる</u>ことがわかるよね。

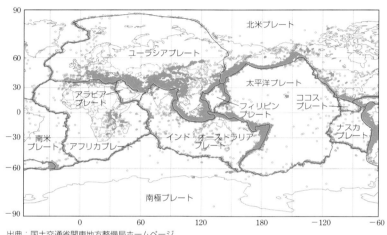

出典：国土交通省関東地方整備局ホームページ

　なお、日本周辺の地図を拡大すると、このようになる。

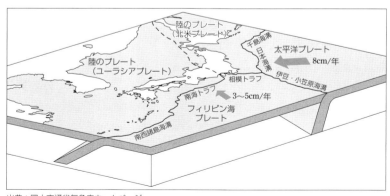

出典：国土交通省気象庁ホームページ

ちなみに、図のなかの「トラフ」とは、プレートが沈み込んでいる場所のこと。6,000m以上の深いトラフは、とくに「海溝」という。

◆ 地震による被害

災害のなかでも地震がいちばん怖いです！

　まず、地震の揺れによって、家屋や古いビルなどの建物が崩壊したり、窓ガラスが割れて落ちてきたりする。また、山に近いところでは、山崩れ、土砂崩れや地すべりなどの土砂災害が起こる可能性もある。さらに、埋立地や干拓地など、ゆるく堆積した砂地盤の場合、地震の振動で液体のようになることもある。これを「液状化現象」という。これらは地震が直接の原因となって起こる一次災害だけれど、それに引き続き、火災やライフラインの寸断が起こる可能性も高い。これを「二次災害」という。大地震の場合、電話やインターネットがつながりにくくなるし、電気や水道、ガスが使えなくなる可能性も高い。道路の通行も困難になるし、電車も止まってしまう。また、長周期地震動の心配もある。「長周期地震動」とは、大きな地震が発生したときに生じる周期が長い揺れのこと。地震が発生した場所から数百キロメートルも遠く離れた場所の高層ビルが長い周期の揺れに共振して、長時間大きく横揺れするんだ。さらに日本の場合、海に囲まれているので、沿岸部では津波の心配もある。

　1995年1月17日に発生した阪神・淡路大震災の場合、犠牲者は6,434人といわれているけれど、2011年3月11日に発生した東日本大震災の場合には津波の被害もあり、犠牲者は行方不明者も含めて18,428人といわれている。今後、首都直下地震や南海トラフ地震が起きた場合にはそれ以上の被害が想定されている。

◆ 台風や集中豪雨の被害

最近、ニュースを見ていると、集中豪雨とか台風の被害も大きいですよね。それも不安なのですが……

　たしかに、日本では大雨や台風、大雪の被害が毎年のようにある。春から夏への季節の変わり目には梅雨前線が日本付近に停滞するので大雨になることが多いけれど、梅雨の終わりごろには集中豪雨になることがある。ちなみに、突発的で予想が困難な集中豪雨のことを「ゲリラ豪雨」と呼ぶこともある。また、夏から秋にかけて熱帯地域から北上してくる台風は、日本に大きな被害をもたらすことが多い。さらに、冬になると寒気が大陸から流れ込み、日本海側では豪雪になることが多い。

　集中豪雨などの大雨の場合、河川が氾濫して洪水になることもあるし、95ページで説明したように、土砂崩れや地すべりなどの土砂災害が起こることもあるね。水と混じった土砂が河川などを流れ落ちてくる土石流も心配だね。集中豪雨をもたらす雲は積乱雲なんだけれど、積乱雲は、竜巻や突風、落雷の原因にもなる。

　また、最近は都市型水害も問題になっている。「都市型水害」とは、地上が冠水した場合、地下鉄や地下街などに、出入り口や換気口から一気に水が流れ込んで被害が出ること。大雨のときは、地下も危険なんだ。

　台風の場合、洪水や土砂災害に加えて、暴風による看板や標識、樹木などの倒壊、建築物の損壊などの被害が出る。また、海面が上昇する高潮も起きる可能性がある。さらに、停電が起きるところもあるだろうし、鉄道の運行が休止になったり、道路が通行止めになったりすることもある。

◆ 災害被害への対策

「天災は、忘れたころにやって来る」って、いいますからね。災害の被害をなくすことは、可能でしょうか？

　物理学者で随筆家の寺田寅彦が残したといわれる言葉だね。地震などの災害はいつ起こるかわからない。でも、過去の災害の記憶を人は忘れがちだよね。だからこそ、ふだんから過去の教訓を忘れず、災害に備える必要がある。それによって、被害をゼロにはできないけれど、少なくすることは可能だからね。

　地震対策としては、地震が起きても建物が壊れないようにする耐震、地震の力をなるべく免れるようにする免震、建物の構造体の内部に振動を吸収する装置を組み込む制振などの技術をさらに活用すべきだね。新しいビルや建物は、耐震や免震、制振技術を組み合わせているケースが多いけれど、古い建物は、耐震性能が不十分な場合もある。国や自治体は、古い建物の耐震診断を義務化して、耐震性能が不十分な建物の場合、耐震改修工事ができるように十分な補助をすべきだと思うよ。また、ブロック塀や門柱が倒壊しないように補強する必要もある。とくに、通学路にあるブロック塀は子どもたちの安全のためにも耐震補強すべきだね。

　さらに、火事が起きた場合の延焼を防ぐための建物の不燃化を進める必要もある。それから、地域に防災公園を整備することも災害対策として有効だよ。延焼を防ぐために役立つし、防災トイレや防火水槽、かまどになるベンチなどがあるから避難場所や活動拠点になる。なかには、救援のヘリコプターが着陸できるスペースを備えた公園もあるよ。

◆個人にできること

私も、災害に備えたくなってきました！　ふだんから私にもできることって、何かありますか？

　個人でできるのは、地震の場合、まず、家具や大きな家電製品を固定することだね。あと、ガラスや食器が飛び散らないようにすることも大切。とくに、寝室の安全は大事だよ。また、台風の場合は、情報を把握したうえで風が強くなる前に窓や雨戸にかぎをかけ、場合によっては窓に飛散防止用フィルムを貼って補強すべきだよ。風で飛ばされそうなものは、飛ばないように固定したり、格納したりする必要もある。さらに、地震や台風など災害時の非常用品として、懐中電灯や充電機能のついた携帯用ラジオ、衣類、救急用品、非常用食品、簡易トイレ、ホイッスル、マスク、雨具、携帯ガスボンベ式カセットコンロなども常備しておくとよい。とくに、断水に備えて飲料水を確保したり、浴槽に水を張っておいたりすると生活用水を確保できるから安心だよ。

　また、ふだんからハザードマップに目を通しておくことも大切だね。「ハザードマップ」とは、自然災害による被害を予測し、被害範囲を地図にしたもの。災害の発生地点や、被害の拡大範囲だけでなく、避難経路や避難場所も示されている。

　そして、もう1つ大切なことがある。それは、みんなで協力し合うことだよ。大規模な災害のときは、救助が来るまで時間がかかることがある。そのため、救助活動や炊き出しなど、地域住民が協力する必要があるんだ。そのためにも、ふだんからご近所の人とコミュニケーションをとっておくべきだね。

出題例の 解答・解説

> **出題例 再録** 最近、日本では地震が多発しています。来たる地震に備えて、「あなた自身」が有効と考える対策を400字程度で具体的に記述しなさい。

⚙ 構想メモを書いてみよう！

序論 地震にたいして有効な対策を簡潔に提示する

● 建物自体の安全性を高める
● 街の安全性を高める

本論 地震にたいする対策を具体的に説明する

● 耐震・免震・制振などの技術の活用
● 古い建物の耐震診断の義務化 ➡ 耐震改修工事を進める
● ブロック塀の耐震補強 ➡ 歩行者の安全確保
● 防災公園の整備 ➡ 延焼を防ぐ・避難場所や活動拠点になる
　➡ 地震に備えた建物づくり、街づくりを進める

結論 具体例をまとめ、結論として提示する

● 地震にたいして工学系の技術が役に立つことがある
● 建物だけでなく、街全体で地震に備える
　➡ 被害をゼロにはできないが、技術によって減少させるのは可能

　まず、序論で地震にたいして有効と考えられる対策を簡潔に提示する。つぎに、本論で序論で示した対策を設問の指示に従って具体的に説明する。工学部の出題なので、建築物の耐震性の強化や防災公園の整備など、工学部で学ぶ技術が地震にたいして役に立つのだと述べる。最後に、結論としてそれまでの内容をまとめる。

---

①日本は地震が非常に多い国である。②地震は非常に恐ろしい。③しかし、自然災害が起こるのは仕方がない。④いくら自然に抵抗しようとしてもむだだからである。⑤だが、自然災害を予期してそれに備えることはいくらでもできると思う。

⑥たとえば、地震にたいしては、物が落ちないように固定すればよい。⑦我が家では、高い場所や不安定な場所に物を置かないようにしている。⑧また、家族で話し合って、非常食を備蓄したり、災害が起きたときに集合する場所を決めたりしている。⑨そして、災害が起こったときに冷静な判断をするためには、避難訓練も必要である。⑩避難訓練には、まじめに参加すべきである。

⑪大切なのは、何より身の安全を守ることである。⑫そのうえで、助け合いが大事になる。⑬さらに、日ごろから防災について話し合ったり、知識を深めたりする必要もある。⑭「備えあれば憂いなし」という言葉もある。⑮そのためには、ふだんから考える必要がある。

（389字）

全体を通じた コメント

「具体的に記述しなさい」という設問の指示に従って地震対策を具体的に述べようとしている点は評価できる。ただし、工学部の出題であることに注意したい。地震にたいして、家庭の内部や近所でできることよりも、建築物の耐震性の強化など、工学部で学ぶことと関連する地震対策を述べたほうが、評価される可能性が高い。小論文を書くときは、学部や学科の特色を意識して書く必要があることを忘れないようにしよう。

答案例への コ メ ン ト

➡❶：○　前提となる一般論である。

➡❷：△　今回のテーマの場合、「恐ろしい」という感情表現は不要。

➡❸：△　一般論であり、間違ってはいない。

➡❹：△　一般論であり、間違ってはいない。

➡❺：×　「いくらでも」という表現は言いすぎ。❹と矛盾する。

➡❻：△　家庭内でできることとして間違ってはいないが、今回の出題
　　　　の場合、工学部で学ぶことと関連する解決策を示すほうがよい。

➡❼：△　家庭内でできることとして間違ってはいない。

➡❽：△　家庭内でできることとして間違ってはいない。

➡❾：△　学校や近所でできることとして間違ってはいない。

➡❿：△　学校や近所でできることとして間違ってはいない。

➡⓫：△　一般論であり、間違ってはいない。

➡⓬：△　一般論であり、間違ってはいない。

➡⓭：△　家庭内でできることとして間違ってはいない。

➡⓮：×　「憂いなし」がいいすぎ。憂いをゼロにすることはできない。

➡⓯：×　「考える」よりむしろ、現実的な対策を示すべきである。

神 髄 15
学部や学科の特色を意識した内容の答案を書く！

合格点がもらえる答案例

序論

地震対策として、まず、建築物自体の安全性を高める必要がある。さらにまた、街の安全性を高める必要もある。

本論

たとえば、建物やビルの地震対策として、地震が起きても建物を壊れにくくする耐震、地震の力を免れようとする免震、構造体の内部で振動を吸収する制振などの技術を活用すべきである。これらの技術を単独、あるいは、組み合わせることによって、建物と内部の人びとを地震から守ることができる。とくに古い建物の場合、耐震診断を義務化して、耐震改修工事を進めるべきである。また、街中のブロック塀や門柱も、倒壊しないよう補強し、歩行者の安全を確保すべきである。さらに、防災公園を整備する必要もある。防災公園は、延焼を防ぐ効果を有しているし、災害後の避難場所や活動拠点にもなる。

結論

このように、建築技術の活用によって、建物だけでなく、街全体で地震にたいする安全性を高め、被害を減らすことは可能である。

（385字）

全体を通じた コ メ ン ト ✎

　序論で提示した地震対策を、本論で具体的に説明し、結論でまとめている。工学部の出題であることを意識して、工学部で学ぶことと関連した技術面での地震対策を述べている点において評価できる答案である。また、「耐震（たいしん）」「免震（めんしん）」「制振（せいしん）」などのキーワードを的確に使用し、自分がもっている知識をじょうずにいかすことができている。さらに、建物だけでなく、街路や公園など、街全体の安全性を高めるという発想も、高く評価される。

答案例への コ メ ン ト ✎

➡❶：○　工学系の技術と関連した地震対策を提示している。

➡❷：○　発想を建物から街全体に拡大している。

➡❸：◎　「耐震」「免震」「制振」というキーワードを使って、工学部で学ぶ内容と関連した地震対策を具体的に説明している。

➡❹：○　技術によって人間の安全性が高まると説明している。

➡❺：◎　耐震性に不安のある古い建物への対策を説明している。

➡❻：◎　発想を建物から街路に拡大している。

➡❼：○　発想を街路から街全体に拡大している。

➡❽：○　防災公園にかんする知識を活用している。

➡❾：◎　具体例を自分の言葉でうまくまとめている。また、工学部で学ぶ技術が地震対策の役に立つことを示せている。

神・髄 16

知識を活用した答案の評価は高い！

生物多様性

自然と人間の共生は可能か

頻出ランク ★★★★★

これがテーマの 神髄 だ！

★生物多様性の危機

❶ 種の絶滅のスピードが加速している

➡生物多様性 ⇒p.105 が失われつつある

❷ 種の絶滅の原因

➡人間による乱獲 ⇒p.106 ➡動植物の生存環境の破壊

➡熱帯雨林 ⇒p.106 における森林伐採や農地開発

❸ 日本の絶滅種 ⇒p.107 ➡ニホンオオカミ・ニホンカワウソなど

❹ 日本の絶滅危惧種 ⇒p.107 ➡ジュゴン・ラッコなど

❺ 外来種 ⇒p.107 による生態系 ⇒p.107 の破壊

★自然と人間が共生すべき理由

● なぜ自然を大切にするのか

➡環境の持続可能性 ⇒p.108 を高めるため

➡生物多様性条約 ⇒p.108 ・遺伝資源 ⇒p.108

★環境を保護する具体的な方法

❶ 生息域内保全 ⇒p.109

❷ 生息域外保全 ⇒p.109 ➡野生復帰 ⇒p.109

❸ 遺伝子銀行 ⇒p.109 ➡遺伝情報 ⇒p.109 の保存

❹ 自然の回復力 ⇒p.110 の範囲内で自然を利用する

➡持続可能性を高めることができる

➡商業捕鯨 ⇒p.110 ・野生動物の駆除・個体数管理

➡ジビエ ⇒p.110 の利用➡自然からの贈り物

テーマ 解説

≫ 実際の出題例を見てみよう！

→ 解答・解説は p.111

出題例　自然環境と人間社会との「共生」が必要な理由について400字程度で述べなさい。

(酪農学園大学・環境共生学類／改)

◆ 生物多様性の危機

> 人間と自然が共生することは、とても大切だと思います。でも、どうすれば共生できるんだろう？

　ミホさん、たしかに自然と人間が共生するのは難しい。まずは現実を知るところから始めよう。以下は、生物種が絶滅していくスピードのグラフだよ。

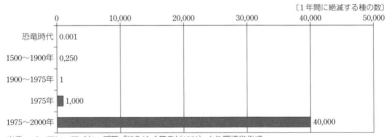

〔1年間に絶滅する種の数〕

恐竜時代	0.001
1500〜1900年	0.250
1900〜1975年	1
1975年	1,000
1975〜2000年	40,000

出典：ノーマン・マイヤーズ著『沈みゆく箱舟』(1981) より環境省作成。

種の絶滅速度

　驚くべきことに、種の絶滅スピードがこの100年で4万倍以上になっている。現在も絶滅スピードは加速しているから、生物多様性は確実に失われつつあるといえる。

◆種の絶滅の原因

1年間40,000種ということは、1日あたり少なくとも100種以上が絶滅している計算になりますよね…… これって、やっぱり人間のせいですか？

　恐竜の絶滅は、巨大隕石の衝突や火山の噴火と、それらによる気候変動が原因だといわれているけれど、現在の種の絶滅は、おもに人間によって引き起こされている。たとえば、食料にするため、毛皮にするため、さらには、ペットにするために人間が動物を乱獲した結果、多くの動物が絶滅したんだ。

　また、人間が自分たちの便利で快適な生活のために動植物の生存環境を破壊していることも種の減少の原因になっている。日本では、河川を管理するために川岸をコンクリート護岸によって固める場合があるけれど、そうすると、水辺の植物が育たなくなり、水中の生物も激減してしまうという。あるいは、ネオニコチノイド系の農薬などを使うことによって、田んぼや畑、その周辺の生き物が激減してしまうんだ。

　それから、南アジアやアフリカ中部、中南米の熱帯雨林の破壊という問題もある。熱帯雨林では、森林伐採や農地開発が進んでいるため、それにともなって種が大量に絶滅している。もともと地球上の地表の14%を覆っていた熱帯雨林は、現在では6%にまで減少しているといわれているけれど、このペースで森林破壊が進めば、あと40年で熱帯雨林が消滅するという予測もある。熱帯雨林には、全世界の生物種の半数以上が生息しているといわれている。だから、このまま破壊が進めば、生物種の絶滅スピードがさらに加速していくと思われる。

◆ 日本における絶滅種と絶滅危惧種

絶滅したらおしまいですよね……　日本でも、絶滅したり絶滅しそうだったりする生き物っているんですか？

　日本では、20世紀の初めにニホンオオカミが絶滅したといわれている。また、ニホンカワウソも2012年に絶滅種に指定された。一方、日本の絶滅危惧種は、環境省のレッドリストによると、2019年のデータで動植物合わせて3,676種だよ。2017年に公開された海洋生物レッドリストに掲載された56種を加えると3,732種にもなる。たとえば、ほ乳類だとジュゴンやラッコ、ツキノワグマ、アマミノクロウサギ、イリオモテヤマネコなど、鳥類だとコウノトリやシマフクロウ、ヤンバルクイナ、ウズラなど、は虫類だとアオウミガメ、両生類だとオオサンショウウオ、魚類だと淡水魚のイトウや海水魚のタマカイ、海と川の両方で生活するニホンウナギ、昆虫だとタガメやベッコウトンボなどが絶滅危惧種に指定されている。このような野生生物種の減少は年々深刻化しているよ。

　また、外来種の問題もある。たとえば、ハブを駆除する目的で沖縄県や鹿児島県の奄美大島に連れてこられたマングースが、沖縄県ではヤンバルクイナを捕食し、奄美大島ではアマミノクロウサギを捕食したことが、ヤンバルクイナやアマミノクロウサギが減少した一因だという。同様に、東京都の小笠原諸島では、外来生物のグリーンアノールというトカゲが、小笠原固有の昆虫をほとんど食べ尽くし絶滅の危機にさらしている。ほかにも、アライグマやカミツキガメ、ブラックバス、アメリカザリガニなどが、日本固有の生態系を破壊した外来種として有名だよ。

◆ 自然と人間が共生すべき理由

人間のせいで生き物が絶滅していく……　生き物のためを思ったら、人間なんて存在しないほうがいいかもしれませんね……

　生物の立場に立てば、人間が存在しないほうがいいだろうね。人間は、自分たちの利益のために自然を征服し利用しようとするし、自然を保護するのも結局自分たちのためだよね。これを「人間中心主義」という。でも、それだとやはり環境破壊が止まらない。そこで、人間中心主義への反省から、人間のためではなく自然のために自然を守ろうとする考え方が生まれたんだ。これを環境倫理学では「自然中心主義」という。生命中心主義や非人間中心主義も、ほとんど同じ意味で使われている。

　でも、考えてみれば、人間は、みずから自然のために地球上から姿を消すことはしない。利他的にはなれないからだ。むしろ、人間は利己的に生存できる環境を求める。つまり、人間が自然との共生を目指すのは、自分たちの生存のためにほかならない。言い換えれば、人間は環境の持続可能性を高めることによって、自分たちの持続可能性を高めようとしている。それを認識したうえで環境保護を実践しようとする考えを「環境プラグマティズム」という。「プラグマティズム」とは、行動によって真理の基準を決めようとする哲学の考え方だよ。

　1992年にブラジルで採択された生物多様性条約は、生物多様性を「種」「遺伝子」「生態系」の3つのレベルでとらえ、その保全を目指しているけれど、それと同時に、生物資源を持続可能性のある形で利用し、遺伝資源の利用によって生じる利益を公正かつ衡平に配分することを目的としている。「衡平」とはつり合いがとれていることだよ。

◆環境を保護する具体的な方法

自己中心的かもしれないけど、人間が生きていくためには、環境を大切にする必要があるということですね……　でも、どうすればいいのですか？

　まず、生息域内保全という方法がある。「生息域内保全」とは、対象とする生物を、本来の生息地で生息環境を改善することによって一定の数を確保し保全すること。でも、絶滅危惧種の生息地では、生存をおびやかす原因を取り除くことが困難なこともある。その場合は、生息域外保全という方法が採用される。「生息域外保全」とは、生物を動物園や水族館、植物園など安全な施設で飼育や栽培する方法だよ。そして、場合によっては、そこで増やした生物を、本来の生息地を再生し環境の安全性を確保したうえで生息地にもどす「野生復帰」という取り組みを行なうこともある。新潟県にある佐渡島のトキは、その成功例として有名だね。

　また、生命多様性を保全すると同時に、農作物や医薬品などの開発を目的として、動植物や微生物の遺伝情報、あるいは、動物の精子や受精卵、細胞などが遺伝子銀行（ジーンバンク）に保存されているよ。

◆持続可能な取り組み

でも、そうやって保護しながらも、人間は生物を利用するんですよね……　ほんとうに持続って可能ですか？

　人間は、自然を利用しなければ生存できない。だから、まずは、自然の生態系をよく研究し、保全に努めるべきだね。そのうえで自然を

利用する必要があるけれども、大切なのは自然の回復力の範囲内で自然を利用すること。たとえば、漁業の場合、魚の数量と繁殖率を調べて、漁獲しても問題のない数量を定め、その範囲内で漁を行なえば、魚が絶滅する可能性を減らすことができる。また、林業も同様に、樹木の成長スピードや環境に及ぼす影響を考慮しつつ計画的に伐採を行なえば、森を守ることができる。目先の利益を追い求めるのではなく、自然の回復力の範囲内で自然を利用すれば持続可能性を高めることができるんだ。

じつは、日本では野生動物の被害も問題になっている。シカやクマ、カモシカ、イノシシなどが、スギやヒノキなどの樹皮や田畑の農作物を食べているんだ。被害を防ぐには、野生動物の食料となるものを除去したり、野生動物を農地に立ち入らせないようにしたりする必要があるけれど、被害状況によっては、増えすぎた野生動物を駆除する必要も出てくる。ただし、この場合も捕獲を回復力の範囲内にして個体数を管理すべきだね。

クジラにかんしても同じだよ。日本は、2019年にIWC（国際捕鯨委員会）を脱退し商業捕鯨を再開しているけれど、日本政府は、ミンククジラのように頭数が非常に多い鯨にかんしては、捕鯨の対象にしても問題ないと考えている。でも、食文化のちがいもあるため、捕鯨に反対する国も多く、対立は続いているよ。

食文化といえば、日本には、クジラだけでなくシカやイノシシも食べていた文化がある。フランス語で野生動物の肉を「ジビエ」というけれど、自然の恵みを余すところなく料理に使い、生命に感謝する精神は日本にもあるんだ。それは、自然を大切にし持続可能性を高めることによって、人間も自然からの贈り物を受け取り続けることができるという精神だよ。

出題例の解答・解説

出題例 **再録**　　自然環境と人間社会との「共生」が必要な理由について400字程度で述べなさい。

✿ 構想メモを書いてみよう！

> **序論**　　自然と人間の共生が必要な理由を簡潔に述べる

- 人間の持続可能性を高めるため
  - ➡ 生物多様性を保全し、自然環境の持続可能性を高めることによって、人間の持続可能性を高めることができる

> **本論**　　自然と人間の共生の方法を具体的に説明する

- 自然の回復力の範囲内で自然を利用する
  - ➡ 自然環境の持続可能性を高めることができる
    - **例**　漁業における持続可能性
- 動植物や微生物の遺伝情報を保存する
  - ➡ 農作物や医薬品の開発につながる

> **結論**　　自然と人間の共生が必要な理由を自分なりにまとめる

- 自然を守ることによって、自然からの贈り物を受け取る
  - ➡ 自然の持続可能性を高め、自然の豊かさを守ることによって、人間も自然の恵みを受け取り続けることができる

　序論、本論、結論の3段構成で書く。序論では、なぜ自然環境と人間の共生が必要なのかという理由を簡潔に述べ、本論では、序論で述べた理由を具体例によって例証する。結論では、それまで述べてきた内容を自分なりにまとめる。序論から結論まで、論理的に一貫した文を書くよう意識する。

合格点まであと一歩の答案例

①自然環境は、残念なことに人間の営みによって変わり果ててしまった。②それは、人間の勝手な都合によって、昔のように自然が大切にされなくなってしまったからではないだろうか。

③たしかに、人間が生きていくために自然を破壊するのは仕方がないことである。④たとえば、木造家屋が主流の日本においては、森林伐採を防ぐことなど不可能だろう。⑤しかし、問題なのは、現代人の自然と共生しようとする意識が希薄になっていることである。⑥昔は、山で昆虫採集をしたり、川で魚を捕まえたりして遊ぶ子どもが多くいた。⑦しかし、現代人は、自然に身を置くよりむしろ、スマートフォンなどの人工物に興味を示している。⑧しかし、花見やキャンプなど、現代人が自然と触れ合う機会はまだある。

⑨自然は、人間の心を豊かにする。⑩心を豊かにするためにも、人間は自然と触れ合うべきである。⑪そうすれば、自然と共生することのすばらしさが見つかるはずである。

(388字)

全体を通じた コ メ ン ト

　昔と現代を対比して、昔にくらべて現代人は自然と触れ合う機会が少なくなったという内容だが、それでは自然と人間の「共生」が必要な理由にはならないため、むだである。最後に、自然と人間の共生が必要な理由が少しだけ述べられているが、理由として不十分である。自然と人間が「共生」すべき理由は、精神的に人間が心を豊かにするためだけではない。むだを省いて、最初から共生が必要な理由をていねいに説明すべきである。

答案例への コ メ ン ト

➡❶：△　事実として間違ってはいない。

➡❷：✕　「昔」という表現では、それがいつなのかが不明である。

➡❸：△　事実として間違ってはいない。

➡❹：△　木材は、計画的に伐採すれば自然を必要以上に破壊することはない。

➡❺：△　「共生」への意識が希薄になっているかどうか、いちがいにはいえない。

➡❻：✕　「昔」という表現では、それがいつなのかが不明。また、昆虫採集や魚を捕ることが「共生」なのではない。

➡❼：△　現代人がスマートフォンを利用しているからといって、自然への興味を失っているとはいえない。

➡❽：✕　花見やキャンプは、自然との「共生」を考えるきっかけにはなるとしても、自然との「共生」そのものではない。

➡❾：△　事実として間違ってはいない。

➡❿：△　「心を豊かにするため」では、「共生」が必要な理由として不十分。また、「自然と触れ合う」ことは「共生」とはいわない。

➡⓫：✕　これから「共生」のすばらしさを見つけることを主張するのではなく、いま現在「共生」が必要な理由を説明すべきである。

神 髄 17

むだを省き、要求されていることを最初から書く！

序 論

　自然環境と人間社会の「共生」が必要なのは、人間の持続可能性を高めるためである。　自然界の多様性を保全し、自然環境の持続可能性を高めることによって、人間は生存環境を守り、自分たちの持続可能性も高めることができるのである。

本 論

　自然と人間の「共生」において大切なのは、自然の回復力の範囲内で自然を利用し、資源を守ることである。　たとえば、魚の数量や繁殖率を調べ、回復力の範囲で漁業を行なえば、魚を食べつづけることができる。　また、多様な動植物や微生物の遺伝情報の保全も不可欠である。　たとえば、遺伝情報が農作物や医薬品の開発につながる可能性もあるからである。

結 論

　生物多様性を保全し、自然の持続可能性を高めることが、人間の持続可能性につながる。　豊かな自然は、豊かな恵みを与えてくれるからである。　つまり、人間が自然を大切にし、「共生」を目指すのは、自然の贈り物を受け取り続けるためにほかならない。

（385字）

全体を通じた コ メ ン ト

　最初から、人間と自然との「共生」が必要な理由を簡潔に述べているので、何を伝えたいのかがわかりやすい。また、本論では理由を説明する具体例を挙げているため、説得力がある。具体例を挙げることによって意見の正しさを証明できるからである。この方法を「例証」という。さらに、結論部分では、それまでの内容を自分の言葉でまとめることができている。論理的に一貫している点も評価できる。

答案例への コ メ ン ト

- ➡❶：○　設問で尋ねられていることに簡潔に答えている。
- ➡❷：○　「多様性」と「持続可能性」というキーワードを用いて、自分の考えを的確に表現している。
- ➡❸：○　「自然の回復力」というキーワードを用いて、「共生」において大切なことを説明している。
- ➡❹：◎　具体例を示すことによって例証できている。
- ➡❺：○　「共生」において必要なことを指摘している。
- ➡❻：◎　具体例を示すことによって例証できている。
- ➡❼：○　具体例を抽象化している。
- ➡❽：○　理由をわかりやすい言葉で簡潔に述べている。
- ➡❾：◎　「贈り物」という自分なりの言葉を用いて、それまでの内容をまとめることができている。論理的な一貫性もある。

神 髄 18

例証は、説得力を高めるための有効な方法である！

テーマ 10　地球環境問題

循環型社会の構築は可能か

頻出ランク ★★★★★

これがテーマの 神髄 だ！

★深刻な環境破壊

❶ 大気汚染 ➡p.117 ➡ PM2.5 ➡p.118 ・酸性雨 ➡p.118

❷ 土壌汚染 ➡p.117 ・水質汚濁 ➡p.117

❸ 海洋汚染 ➡p.117
  - ➡富栄養化 ➡p.119 ➡赤潮 ➡p.119 ・青潮 ➡p.119
  - ➡有害物質➡食物連鎖 ➡p.120 ➡生物濃縮 ➡p.120 ➡人間
  - ➡プラスチック ➡p.120 の流入
  - ➡マイクロプラスチック ➡p.120 ➡生態系 ➡p.119 に影響

★環境汚染の拡大

❶ オゾン層の破壊 ➡p.121 ➡オゾンホール ➡p.121

❷ 地球温暖化 ➡p.121
  - ➡ IPCC ➡p.121 の報告➡温室効果ガス ➡p.121 が原因

❸ ヒートアイランド現象 ➡p.121

★我われにできること

❶ 3R ➡p.122
  - ➡リデュース ➡p.122 ・リユース ➡p.122 ・リサイクル ➡p.122
  - ➡マイバッグ ➡p.122 やマイボトル ➡p.122 の携帯

❷ マイクロビーズ ➡p.120 を含有した製品の使用を避ける

❸ 生分解性プラスチック ➡p.122 の開発

❹ SDGs（持続可能な開発目標）➡p.122

❺ 循環型社会 ➡p.122 の実現

テーマ 解説

≫ 実際の出題例を見てみよう！

→ 解答・解説は p.123

出題例

　　　海に流れ込んだ微細なプラスチックが生態系をおびやかしています。危機感をもった対応が必要ですが、身の回りのプラスチックを減らすために、あなたならどうしますか。400字程度で述べなさい。

（金城学院大学・生活環境学部／改）

◆ 深刻な環境汚染

> 環境の持続可能性を高めれば、人間の持続可能性も高まるんですよね。**テーマ9**でやりましたね。ということは……　環境を悪化させれば、人間も持続できないってことになりますね！

　ミホさんのいうとおり、残念ながら人間は、環境を汚染しつづけている。地球環境問題には、大気汚染や土壌汚染、水質汚濁、海洋汚染、オゾン層の破壊、地球温暖化、ヒートアイランド現象などがある。では、一つひとつ考えていこう。

　まず、「大気汚染」とは、工場から出る煙や自動車の排気ガスなどが原因となって空気が汚れること。空気中の汚染物質とは、窒素酸化物（NO_x）や硫黄酸化物（SO_x）、光化学オキシダント（O_x）、粒子状物質（**PM**）、浮遊粒子状物質（**SPM**）などだよ。窒素酸化物は、のどや気管、肺などの呼吸器に影響を与えるし、硫黄酸化物も気管支炎やぜんそくの原因といわれている。また、「光化学オキシダント」とは、窒素酸化物や揮発性有機化合物（**VOC**）が紫外線を受けて光化学反応を起こすことで生じる物質のこと。光化学スモッグは、高濃度の光化学オキシダントが大気中に漂う現象で、目の痛みやはき気、頭

痛を引き起こす。それから、「粒子状物質」とは、工場の煙から出る煤塵や粉塵のことだけれど、なかでも10μm（マイクロメートル）以下の小さな粒子を「浮遊粒子状物質」、2.5μm以下の粒子を「**PM2.5**」（「微小粒子状物質」）とよぶ。1μmは、1mmの1000分の1だよ。

とくに最近問題が深刻化しているのが微小粒子状物質PM2.5。PM2.5は、工場などで物が燃焼することによって直接排出される。あるいは、硫黄酸化物や揮発性有機化合物などが大気中で化学反応を起こして粒子化することによっても発生するという。これらの物質は、小さくなるほど気管支や肺の奥まで入りやすく、ぜんそくや気管支炎などの呼吸器疾患だけでなく、肺がんの原因になる可能性があるといわれている。

あと、酸性雨の問題もある。「酸性雨」とは、二酸化硫黄（**SO₂**）や窒素酸化物が大気中で硫酸や硝酸など酸性物質に変化し、雨や雪、霧などに溶け込んだ結果、通常より強い酸性を示す現象のこと。酸性雨は土壌の酸性化、湖沼の酸性化などを起こすため、魚類の生息をおびやかしたり、樹木を枯らしたりする原因になっている。ドイツのシュヴァルツヴァルト（黒い森）は、酸性雨の被害で有名だね。

◆ **環境汚染の拡大**

大気汚染によって、人間の健康がおびやかされているわけですね……　土や水も、やはり汚染されていますか？

「土壌汚染」とは、土壌のなかに、揮発性有機化合物、重金属、農薬、油などの物質が、環境や人間の健康への影響がある程度にまで含まれている状態のこと。原因は、工場が有害な物質を不適切に取り扱い、有害物質を含む液体を地中にしみ込ませてしまったことなどが考えられる。土壌汚染は発見しにくい汚染だけれど、2003年に土壌汚染対

策法が施行されてからは調査が進み、新たな土壌汚染が次つぎに発見されている。土壌汚染も生態系に悪影響を与える。汚染された土が飛散したり、汚染された土のなかの有害物質が蒸発して拡散したりすれば、人間が直接的に有害物質を摂取することになるし、有害物質が流れ込んだ地下水を飲めば、人間が間接的に有害物質を摂取してしまう。

　さらに、水質汚濁という問題もある。「水質汚濁」とは、工場排水や生活排水が流入することによって、河川や湖沼、沿岸海域が汚染されること。さらに、排水や肥料の大量流入によって、湖沼が、窒素やリンなどの栄養塩類が多くなる「富栄養化」という状態になり、特定のプランクトンや藻が異常発生する結果、生物多様性が失われる可能性も高い。

◆ 海洋汚染

> 工場排水や生活排水って最終的には海に流れていきますよね……　海のことが心配になってきました！

　たしかに、現在、主要な河川の河口付近では、赤潮や青潮が起きているという。「赤潮」とは、富栄養化や自浄作用の低下などによってプランクトンが異常増殖して海や川、湖沼などの色が変色する現象で、赤く変色することが多い。また、富栄養化によって大量発生したプランクトンは、死滅後に海底に沈殿し、バクテリアによって分解されるんだけれど、分解の過程で海中の酸素が大量に消費されるため、水中の残存酸素が極端に少なくなり、硫化水素を大量に含む水塊が形成される。この水塊が浮上すると海水が白濁するけれど、実際はうすい青色に見える。この現象が青潮なんだ。赤潮も青潮も魚介類に被害を与えるよ。

海にはごみや廃棄物が捨てられているし、工場排水や生活排水、農薬も流れ込む。あるいは、石油タンカーが座礁して重油が流出することもある。このような海洋汚染の結果、有機水銀やPCB（ポリ塩化ビフェニル）などの有害物質が海中に流出してしまう。有害物質は、海のなかでは低濃度でも、プランクトンなどに取りこまれると食物連鎖によって生物濃縮が起こり、マグロやクジラの体内では有害物質が非常に高濃度になる。これらの生き物を食べた場合、有害物質は人間にも蓄積されるよ。

◆ プラスチックによる海洋汚染

ウミガメが、プラスチック製の袋をクラゲと間違って食べたため死んでしまうこともあると聞いたことがあります……　ウミガメがかわいそう！

プラスチックの問題だね。最低でも年間800万トンのプラスチックが海に流入しているといわれている。その結果、魚や海鳥、アザラシなどの海洋ほ乳動物、ウミガメなど、多くの生き物が傷ついたり死んでしまったりしているという。ポリ袋を食べることもあるし、漁網や釣り糸にからまることもある。

プラスチックは、波で砕かれたり紫外線の影響を受けたりして、小さな粒子になる。また、洗顔料や化粧品、歯磨き粉などに洗浄効果を高めるために粉末として含まれているマイクロビーズや、フリースなどの合成繊維の破片なども海に流れ込む。これらの微細なプラスチック粒子を「マイクロプラスチック」というよ。マイクロプラスチックは、海中でPCB（ポリ塩化ビフェニル）など有害物質を吸着しやすい。生態系への影響はまだ不明なこともあるけれど、海の生き物だけでなく、人間が体内にマイクロプラスチックを蓄積する可能性も十分あるから、楽観視はできない状態だよ。

◆ オゾン層の破壊・地球温暖化・ヒートアイランド

人間って、罪深いですね……　大気、大地、川、湖、海……　すべてを汚染しているのですから。

　環境への悪影響はまだある。地球の大気のうち、成層圏にあるオゾン層は、有害な紫外線を吸収して生物を守っているけれど、大気中に放出されたフロンという物質が、強い紫外線によって分解され、そこから放出された塩素原子がオゾン層を破壊する。その結果、地上に達する有害な紫外線が増え、皮膚がんや白内障が増加するという。南極上空でオゾン層の破壊が著しいけれど、その結果、オゾンの濃度であるオキシダント濃度が極端に低くなった場所を「オゾンホール」というよ。

　さらには、地球温暖化やヒートアイランド現象という問題もある。「地球温暖化」とは、地球全体の平均気温が上昇している現象。**IPCC**（気候変動に関する政府間パネル）の報告によれば、二酸化炭素（**CO₂**）などの温室効果ガスが原因である可能性が高いという。それにたいして、「ヒートアイランド現象」とは都市部の気温が周囲の郊外よりも高くなる現象。原因は、アスファルトやビルなどの人工物で地面を覆ったため、また、工場や自動車、エアコンからの排熱、そして、都市の高密度化のためと考えられている。

◆ 我われにできること

なんとかしなければなりません！
私たちにもできることってなんでしょうか？
できることから始めたいんです！

まず、**3R**を意識しよう。「3R」とは、リデュース（ごみの発生の抑制）、リユース（再使用）、リサイクル（再生利用）のことだよ。たとえば、**マイバッグやマイボトル**を持ち歩けばレジ袋は要らないということができるし、ペットボトルも買わなくてすむ。また、企業にたいして意志を示すことも有効だね。たとえば、多くの人が、先ほど出てきたマイクロビーズを含んだ洗顔料や化粧品、歯磨き粉などの使用を避けるようになれば、企業も姿勢を変えざるをえない。

　また、プラスチックストローを廃止して紙のストローに変える店も増え始めているけれど、ステンレスやチタン、ガラス、シリコン、竹などの**マイストロー**を持ち歩くという手もある。あるいは、ストロー自体を使わないという手もあるね。

　生分解性プラスチックの開発も大事だよ。「生分解性プラスチック」とは、微生物のはたらきによって最終的に二酸化炭素（CO_2）と水（H_2O）に分解されるプラスチック。海中でマイクロプラスチックとして残留することのないバイオマス（生物資源）由来の生分解性プラスチックが開発されれば、海洋汚染の有効な対策になる。

　国連は、**SDGs**（持続可能な開発目標）を提示し、海や陸の豊かさを守って環境を持続的に利用するよう目指している。目標である循環型社会を達成するには、国家や企業、**NGO**（非政府組織）、**NPO**（非営利組織）、そして、我われ一人ひとりが環境問題に関心をもち続け、協力的に行動する必要がある。

出題例の 解答・解説

出題例 再録　海に流れ込んだ微細なプラスチックが生態系をおびやかしています。危機感をもった対応が必要ですが、身の回りのプラスチックを減らすために、あなたならどうしますか。400字程度で述べなさい。

⚙ 構想メモを書いてみよう！

> **序論**　身の回りのプラスチックを減らす方法を簡潔に述べる

- **3R**を実行すると同時に生分解性プラスチックを開発する
  - ➡ 消費者としてできることもあるが、同時に、理系の学生として、自然界で分解するプラスチックの開発もできる

> **本論**　序論で述べたことを具体的に説明する

- 3Rを意識して実行する
  - ➡ とくに、リユースによってリデュースが可能になる
  - **例**　マイバッグ・マイボトルの携帯
- 生分解性プラスチックを開発する
  - ➡ マイクロプラスチックとして残存しないプラスチックの開発
  - ➡ 海洋汚染対策として有効➡ 社会貢献につながる

> **結論**　具体例の内容を抽象化し、まとめる

- 消費者としてできることと理系の学生としてできること
  - ➡ リユース、リデュースと生分解性プラスチックの開発

> 　序論では、周囲のプラスチックを減らす方法を簡潔に提示し、本論で、その方法を具体的に説明する。ふだんの生活のなかでできることもあるが、理系に進む者だからこそできることもある。理系ならではの知識を活用して、理系的な視点から解決策を示す。結論では、具体例を、キーワードを用いて抽象的にまとめる。

合格点まであと一歩の答案例

　現代では、経済が活発になる一方、排気ガスによる地球温暖化、森林伐採による砂漠化など、さまざまな地球環境問題が発生している。そのなかでプラスチックごみの増加も問題になっている。

　そこでリサイクルに注目が集まる。リサイクルを実行するためには人びとの意識を教育によって変える必要がある。たとえば、教科書に環境を守らねばならないという考え方を載せ、子どものころから意識を植えつけるのもよい。また、少し強制的な手段も必要かもしれない。ごみの分別の規則に従わない場合は、環境税の考えを取り入れ、罰金を科すのである。そして、レジ袋の有料化もインセンティブになる。レジ袋を有料化すれば、消費者は1円でも節約しようとするから、ごみがなくなるだろう。

　これらの政策によって、ごみの循環再利用はうまくいくはずである。ごみを減らすには、ごみを生み出すライフスタイルを見直し、環境にやさしい循環型社会をつくらなければならない。

(398字)

全体を通じた コ メ ン ト

　まず、中途半端な知識を羅列しているため、設問の要求にたいしてずれた答えになっている。3Rについて書きたいのかもしれないが、プラスチックを減らすならば、リサイクルよりもリデュースの方法を書くべきである。また、他者の意識を変える方法を述べているが、設問は自分がどうするかを尋ねている。ごみの循環再利用を実現する政策ではなく、循環型社会を構築するため自分に何ができるかを考え、それを記述すべきである。

答案例への コメント ✏

➡❶：△　一般論であり、書かなくてもよい。また、地球温暖化の原因には、排気ガスだけでなく、CO_2などの温室効果ガスもある。

➡❷：○　事実として間違ってはいない。

➡❸：△　プラスチックのごみを減らすには、リサイクルよりもリデュースの考え方が有効である。ここで話がずれ始めている。

➡❹：✕　教育によってこれからの人びとの意識を変えるのではなく、自分自身ができることを述べるべきである。

➡❺：✕　地球環境問題は、すでに多くの教科書で取り上げられている。

➡❻：✕　人に強制するのではなく、自分ができることを述べるべきである。

➡❼：✕　「環境税」とは、罰金を科すことではない。

➡❽：△　レジ袋有料化は、リデュースの方法としてたしかに有効だが、すでに実施され始めている。

➡❾：△　レジ袋の有料化はすでに始まっている。また「ごみがなくなる」という表現はいいすぎである。

➡❿：△　政策ではなく、自分自身がどうするかを述べるべきである。

➡⓫：△　「環境にやさしい」という表現では、意味があいまいである。

神 髄 19

中途半端な知識の羅列は、あまり意味がない！

序論

身の回りのプラスチックを減らすためには、日常生活のなかで物を再利用することによって、プラスチックの量を減らすと同時に、生分解性プラスチックの開発を進める必要がある。

本論

たとえば、マイバッグを持参してスーパーマーケットやコンビニエンスストアに行けば、レジ袋は要らないということができる。また、マイボトルを携帯して出かければ、ペットボトルの飲み物を買う必要がなくなる。同時に、完全に自然界で分解し、海中でマイクロプラスチックとして残留しない、バイオマス由来の生分解性プラスチックを開発すれば、有効な海洋汚染対策になる。理系に進学する者として、私もなんらかの形で開発にかかわり、社会貢献したい。

結論

以上、身の回りのプラスチックを減らすために私ができることは、消費者としては、リユースを徹底し、プラスチックのリデュースを実現することであり、それと同時に、理系の学生としては、生分解性プラスチックの開発にかかわることである。

(403字)

全体を通じた コ メ ン ト ✎

　設問で尋ねられている内容にしっかりと答えている。知識が正確で、しかもキーワードとして知識が使用されているため、意見にも説得力がある。また、文系・理系を問わず消費者として自分ができることに加えて、理系を志す受験生として、課題文に書かれている「海に流れ込んだ微細なプラスチック」の問題の解決につながるようなアイデアを提示している点もすばらしい。論理的にも一貫した答案である。

答案例への コ メ ン ト ✎

➡❶：〇　身の回りのプラスチックを減らすために自分ができることを簡潔に述べている。

➡❷：◎　具体例を挙げることによって、自分の意見の正しさを例証できている。読み手にとってもわかりやすい。

➡❸：◎　もう1つの具体例を示すことによって、例証できている。

➡❹：◎　理系ならではの視点から問題の解決策を示すことができている。「マイクロプラスチック」「バイオマス」「生分解性プラスチック」などのキーワードも適切に使用されている。また、設問において「海に流れ込んだプラスチック」が問題になっている点をふまえて解決につながる方法を提示している点も、高く評価できる。

➡❺：〇　理系として真剣に学問に取り組むことが社会貢献につながる可能性があることを、読み手に伝えることができている。

➡❻：◎　ここまでの内容をうまくまとめている。また、「リユース」や「リデュース」というキーワードも適切に使用できている。

神・髄 20

キーワードの適切な使用は、高い評価を受ける！

エネルギーと資源

テーマ **11**

未来のエネルギーを求めて

頻出ランク ★★★★★

これがテーマの 神髄 だ！

★枯渇するエネルギー資源
- 枝渇性エネルギー ⇒p.129 ➡化石燃料 ⇒p.129
  - メリット ➡高出力で安定した電力を供給する
  - デメリット➡使えばなくなる・有害物質を排出

★原子力発電の問題
① メリット
  ➡二酸化炭素（CO_2） ⇒p.129 の排出量が少ない
② デメリット
  ➡高レベル放射性廃棄物 ⇒p.130 を発生➡地層処分 ⇒p.130
③ 福島第一原発事故 ⇒p.131
  ➡炉心溶融（メルトダウン）⇒p.131
  ➡放射性物質の大量放出
  ➡汚染水 ⇒p.131 の海洋放出・汚染土 ⇒p.131 の問題
④ 高速増殖炉「もんじゅ」 ⇒p.132 ➡廃炉 ⇒p.132 が決定

★これからのエネルギー
① 非在来型天然ガス ⇒p.133
  - シェールガス ⇒p.133 ➡シェールガス革命 ⇒p.133
  - メタンハイドレート ⇒p.133 ➡日本の周辺海域にも存在
② 再生可能エネルギー ⇒p.134
  ➡二酸化炭素の排出量が少ない
  ➡有害物質や廃棄物を出さない
  ➡永続的に使用可能・安全で安心・環境への負荷が少ない

テーマ　解　説

≫ 実際の出題例を見てみよう！

⇒ 解答・解説は p.135

出題例　　「核のごみ」や「原発」あるいは「エネルギー」などにかんするあなたの考えを、400 字程度で述べなさい。

（北海学園大学・工学部／改）

◆ 枯渇するエネルギー

「エネルギー」といえば、石油って、いつか枯渇するって聞きました……　どうなってしまうのでしょうか？

　ミホさんが心配している、使うとなくなるエネルギー資源を「枯渇性エネルギー」という。石油だけでなく、石炭や天然ガスなどの化石燃料や、原子力発電（原発）に使用されるウランも枯渇性エネルギーだよ。枯渇性エネルギーには、高出力で安定した電力を効率よく供給するメリットがあるけれど、反面、使えばなくなるというデメリットもある。資源を使いきるまで、石油や天然ガスは約50年、石炭やウランは約100年程度と考えられている。ただ、新しい油田やガス田、炭田や鉱山が発見される可能性もあるし、技術の発達や消費の仕方によっても年数は変わってくる。

　化石燃料には、燃焼時に二酸化炭素（CO_2）や窒素酸化物（NO_x）、硫黄酸化物（SO_x）、粒子状物質（**PM**）を排出するというデメリットもある。二酸化炭素は地球温暖化 ⇒ p.121 の原因と考えられているし、窒素酸化物、硫黄酸化物、粒子状物質は、大気汚染 ⇒ p.117 や酸性雨 ⇒ p.118 をもたらし、呼吸器疾患を引き起こす。

◆ 原子力発電の問題

原子力発電は、二酸化炭素を出さないから環境に
やさしいし、地球温暖化防止になるって聞いたん
ですけど、ほんとうですか?

　たしかに、原子力発電は、発電時には二酸化炭素（CO_2）を出さな
いけれど、じつは、燃料であるウランの採掘、精錬、濃縮、加工、さ
らに、原子力発電所の設備の製造や建設においては、二酸化炭素を出
している。だから、二酸化炭素を出さないとはいえないんだ。ちなみ
に、原子力発電所のタービンを回す蒸気を冷却した海水が温排水と
なって海に放出されるから、原発が周囲の海水を温めていることは間
違いないよ。

　また、原子力発電所は、使用済み核燃料の再処理の過程で高レベル
放射性廃棄物などの「核のごみ」を発生させる。高レベル放射性廃棄
物は、青森県六ヶ所村の高レベル放射性廃棄物貯蔵管理センターと茨
城県東海村の日本原子力研究開発機構に一時的に保管されているけれ
ど、将来的には地層処分が検討されている。「地層処分」とは、高レ
ベル放射性廃棄物を地下300メートルより深い場所に埋設すること。
地中深く埋める理由として、地下は自然現象や人間の活動の影響を受
けにくく、物質の移動が遅いことが挙げられている。でも、日本は世
界でもとくに地震の多い国だし、火山活動も活発だから、今後何万年
も地震や火山活動の影響を絶対に受けない場所を選び出すのは不可能
に近いよね。また、物質の移動が遅いといっても、人間は、地下水の
複雑な流れを完全に把握しているわけではないから、将来、地下に埋
設した高レベル放射性廃棄物がどうなるのかは未知の部分が多い。そ
のため、不安を感じて反対する人も多いから、地層処分の候補地がな
かなか決まらない状態が続いている。

◆ 福島第一原発事故

原子力発電が環境にやさしいって、簡単に言えない気がしてきました。事故のことも心配だし……

　原子力発電の場合、事故が起きると、取り返しのつかないことになる可能性が高い。2011年3月11日、東日本大震災の地震と津波の影響によって東京電力福島第一原子力発電所で炉心溶融（メルトダウン）や水素爆発など、大量の放射性物質放出をともなう事故が起きた。国際原子力事象評価尺度で最悪とされる「レベル7」に分類された事故だよ。その後、放射性物質を含む高濃度汚染水が海にもれ出しているのが見つかったり、比較的低濃度とされる汚染水を海洋放出したりすることもあった。

　現在でも、原発内では原子炉燃料が溶融後に冷えて固まった燃料デブリを水で冷やし続けているため、汚染水が発生している。また、原子炉建屋に流れ込んだ地下水や雨水が建屋内の高濃度の汚染水と混ざり合うことによっても、新たな汚染水が発生する。これらの汚染水は貯蔵タンクに保管されているけれど、貯蔵場所に限界があるため、海洋放出が検討されている。放出するのは、専用の装置によってセシウムやストロンチウムなどを取り除いた処理水だといちおう説明されているけれど、現在の技術ではトリチウムが残ってしまうという。もし汚染水を海に流したら、希釈されるとはいっても、やはり海を汚染することになるし、東北の漁業は壊滅的打撃を受けると予想される。

　それから、汚染土の問題もある。原子力発電所の事故後、除染によって発生した膨大な量の汚染土が、福島県大熊町と双葉町の中間貯蔵施設に次つぎと搬入されているんだ。公共事業で再利用するという話も進んでいるため、地元の人びとは、福島が最終処分場になるのではないかと心配しているよ。

◆ 原発再稼働の是非

でも、原発に賛成の人もいますよね……　日本に原発は必要なのでしょうか？

　原発賛成派は、原子力でつくられる電力が火力にくらべて安いと考えられること、原発の技術を残す必要があること、電力の安定供給が可能になることなどを賛成の理由にしている。

　それにたいして、原発反対派は、日本は地震大国であり原発は完全に安全とはいえないこと、事故が起きた場合には広範囲が帰還困難区域になり日常生活が奪われる可能性が高いこと、事故処理や除染、賠償に巨額の費用がかかること、使用済み核燃料や高レベル放射性廃棄物の最終処分にもばく大な費用がかかること、最終処分方法や候補地が完全に決定していないこと、廃炉の費用もかさむこと、原発が稼働していなくても電力が十分に供給されていることなどを反対の理由にしている。

　また、特殊な原子炉「もんじゅ」の問題もある。「もんじゅ」は、福井県敦賀市にある、高速増殖炉のこと。「高速増殖炉」とは、使用済み核燃料から取りだされたプルトニウムを燃料とする原子炉。「もんじゅ」は、1994年4月に臨界に達し、1995年8月から発電を始めたんだけれど、1995年12月に冷却剤のナトリウムがもれ出して火災になる事故が起き、停止が続いていた。2010年5月に運転を再開したけれど、3か月後の2010年8月に炉内中継装置の落下事故を起こし、結局、2016年12月に廃炉が正式に決定された。その結果、使用済み核燃料を再処理して、残ったウランとプルトニウムを再利用するという核燃料サイクルの計画が行きづまってしまったんだ。

◆ 未来のエネルギー

難しい問題ですね……　いずれにしても、いまの
エネルギーに代わる新しいエネルギーが必要だと
思います！

　いま注目されているのは、非在来型天然ガスだね。「非在来型天然ガス」とは、新しい技術によって生産された天然ガスのこと。たとえば、シェールガスやメタンハイドレートだよ。

　「シェールガス」とは、シェール（頁岩）という、はがれやすい性質の岩の層に閉じ込められた状態の天然ガスのこと。昔は取り出すのが困難だったけれど、2000年代に入って、アメリカでガスが存在する地下に化学物質を混ぜた大量の水を高圧で注ぎ込む水圧破砕法が開発されたことにより、アメリカはいま、資源の輸入国から、一転して資源大国になると考えられている。これを「シェールガス革命」というよ。

　「メタンハイドレート」とは、メタンガスが水分子と結びつくことによってできた氷状の物質のこと。火を近づけると燃えるので、「燃える氷」とも呼ばれているよ。また、体積の約160倍ものメタンガスを含有しているともいわれている。永久凍土地帯や水深500m以下の深海底、あるいは、海底の下の地層など、温度が低く圧力が高い環境に存在すると考えられている。

　じつは、日本の周辺海域にもメタンハイドレートが大量に存在していることが確認されている。もし新たな技術が開発されてメタンハイドレートを取り出せるようになれば、日本は長期的に安定して使用できる国産資源を獲得する可能性が高くなる。

◆再生可能エネルギー

少し希望がみえてきました！　そういえば、再生可能エネルギーは、もっと普及しないのですか？

　「環境先進国」といわれるドイツが参考になると思う。ドイツでは、脱原発と再生可能エネルギーへの転換を進めた結果、太陽光発電 ⇒ p.83 など再生可能エネルギーによる発電量が増加する一方、石炭火力やガス火力、原子力による発電量が減少している。将来的には、再生可能エネルギーの比率を80%まで上げるという。

　日本にも、2011年3月11日の福島第一原発事故をきっかけに、太陽光発電や風力発電・潮力発電・水力発電・地熱発電・バイオマス発電など、再生可能エネルギーを推進する動きがある。

　「再生可能エネルギー」は、温室効果ガス ⇒ p.121 と考えられている二酸化炭素（CO_2）をそれほど多く発生させないので地球温暖化 ⇒ p.121 対策にもなると思われるし、有害物質や廃棄物も出さない。もちろん、導入コストや送電効率の問題もあるけれど、たとえば、太陽光パネルが大量に生産されたらコストも下がるし、直流送電によって送電効率を高めることもできる。何より、再生可能エネルギーは永続的に使用できるし、安全で安心だよね。環境への負荷の軽減を目指すならば、日本だけでなく、世界じゅうで再生可能エネルギーの比率を高めていくべきだと思うよ。

出題例の 解答・解説

出題例 **再 録** 「核のごみ」や「原発」あるいは「エネルギー」
などにかんするあなたの考えを、400字程度で述べなさい。

⚙ 構想メモを書いてみよう！

● **序 論** 　　自分の考えを簡潔に述べる

- 「核のごみ」を出す原発から再生可能エネルギーにシフトすべきである
  - ➡ 将来世代に、これ以上負の遺産を受け継がせてはならない（環境倫理学 **p.108** における世代間倫理の考え方）

● **本 論** 　　自分の考えを具体的に述べる

- 「核のごみ」の問題を指摘する
  - ➡ 何万年も安全に保存するのは、不可能に近い
- 脱原発の必要性を説く
  - ➡ 地震大国日本において、原発は絶対に安全とは言いがたい
- 再生可能エネルギーの利点を説明する
  - ➡ 環境への負荷が少なく、安心して永続的に使用できる

● **結 論** 　　自分の考えを、もう一度まとめる

- 自分たちには次世代のためにも、環境を守る責任がある
  - ➡ 持続可能性を考えれば、再生可能エネルギーにシフトすべきだ

> 序論で、「核のごみ」「原発」「エネルギー」にかんする自分の意見を簡潔に述べる。本論では、「核のごみ」と、それを排出する「原発」の問題点を指摘し、問題を解決する方法として「再生可能エネルギー」への転換が必要だという考えを述べる。最後に、もう一度自分の考えをまとめ、結論として提示する。

合格点まであと一歩の答案例

　「エネルギー」は、人間の生活に不可欠であり、今後も使用され続ける。　現在、おもに使用されている火力発電や「原発」を稼働するのに必要な「エネルギー」として、石油、石炭、ウランなどが挙げられる。　石油や石炭を使用した場合、二酸化炭素や硫黄酸化物が排出される。　また、ウランを使用した場合、「核のごみ」の処理が問題になる。　再生可能エネルギーが注目を浴びていて、日本でも導入を進めているようだが、火力や原子力にくらべて環境に左右されやすいという欠点がある。　そのため、電力会社は、環境に左右されない火力や原子力を前提にしている。

　よって、地球環境問題と「エネルギー」問題を同時に解決することは難しい。　しかし、地球環境問題は無視できないほど重要な問題である。　そのため、「エネルギー」を使用する側の認識を変える必要がある。　これからは、個々の人間が、「エネルギー」への関心を高め、必要以上に「エネルギー」を消費しない生活をすることが、環境問題の解決につながるのではないだろうか。

(427字)

全体を通じた コメント

　「核のごみ」「原発」「エネルギー」というキーワードを使用しているが、ただ事実を並べているだけという印象を受ける。また、地球環境問題とエネルギー問題を同時に解決することが難しいという問題を発見しているにもかかわらず、その問題を解決する方法が具体的に示されていない。結論部分において読み手に問題提起をしているが、ここで必要なのは、問題提起よりむしろ問題解決の具体的な方向性を示すことである。

答案例への コ メ ン ト

➡**❶**：△ 一般的な事実として間違ってはいない。

➡**❷**：△ 一般的な事実として間違ってはいない。

➡**❸**：△ 一般的な事実として間違ってはいない。ただし、設問にキーワードとして「核のごみ」が挙げられているので、早めに「核のごみ」というキーワードを使用し、本題に入るべきである。

➡**❹**：△ 事実として間違ってはいない。ただし、「核のごみ」というキーワードを使うならば、キーワードを活用して論理を展開すべきである。

➡**❺**：△ 事実として間違ってはいない。

➡**❻**：△ 事実として間違ってはいない。だが、❶〜❻まで、一般的な事実を並べているだけなのは問題である。

➡**❼**：△ 一般的な事実として間違ってはいない。

➡**❽**：△ 一般的な事実として間違ってはいない。

➡**❾**：△ 意見をいちおう述べている。だが、「認識を変える」ならば、変える前の「認識」と変えたあとの「認識」を明確に述べるべきである。

➡**❿**：✕ 結論では、問題提起をするのではなく、意見を述べるべきである。

神 髄 21

事実を列挙するだけでなく、意見を述べるべきである！

序論

　日本は、「原発」に依存するのではなく、「再生可能エネルギー」の比率を高めるべきである。　なぜなら、将来の世代に、これ以上負の遺産を受け継がせるべきではないからである。

本論

　「原発」は、高レベル放射性廃棄物などの「核のごみ」を出し続ける。　現在、地層処分が検討されているが、何万年ものあいだ安全に管理することは難しく、不安を感じる人も多いため、候補地もなかなか決まらない。　また、火山が多く、地震大国である日本において「原発」が絶対に安全に稼働しつづけるとはいいがたい。　したがって、今後は、太陽光や風力、潮力、水力、バイオマスなど、環境への負荷が少なく、安心して永続的に使用できる「再生可能エネルギー」にシフトするべきである。

結論

　現在世代の安全のためだけでなく、未来世代に安心できる持続可能な環境を残すには、「核のごみ」を出し続ける「原発」への依存から脱却し、「再生可能エネルギー」への転換を積極的に進めるべきである。

(400字)

全体を通じた コ メ ン ト ✎

「原発」が排出する「核のごみ」の問題を解決する策として「再生可能エネルギー」という具体的な方法を提示している。また、理由として「将来世代」に「負の遺産」を受け継がせるべきではないと述べているが、現在世代のためだけでなく、未来世代のことも考慮しているため、説得力が増している。現在世代には、未来世代の生存可能性を保障する責任があるという「世代間倫理」の観点をとり入れ、価値判断をしている。

答案例への コ メ ン ト ✎

- ➡❶：○　自分の考えを簡潔に述べている。
- ➡❷：◎　「世代間倫理」の観点から、意見の理由を明確に述べている。
- ➡❸：○　「核のごみ」について、具体的に説明している。
- ➡❹：◎　「核のごみ」の問題について、具体的に説明している。
- ➡❺：◎　「原発」自体の問題について、具体的に説明している。
- ➡❻：○　問題の解決策を明確に示すことができている。
- ➡❼：◎　現在世代は、未来世代が生存し、よい環境のもとで生きることにたいする責任を負っているという、環境倫理学における世代間倫理の視点から、原発と再生可能エネルギーにかんする価値判断を行ない、結論としている。

神 髄 22
事実を述べるだけでなく、価値判断も必要である！

テーマ 12 健康のあり方

ほんとうの健康を求めて

頻出ランク ★★★★★

これがテーマの 神髄 だ！

★現代人の健康状態
- 若い女性 ➡ BMI ➡p.141 ：18.5 未満が約 20% ➡低体重 ➡p.141
- 中年男性 ➡ BMI：25 以上が約 30% ➡肥満 ➡p.141 の増加

★ダイエットと肥満の問題点
❶ ダイエットの身体的影響
➡鉄分 ➡p.142 不足➡貧血 ➡p.142 ➡骨粗しょう症 ➡p.142
➡免疫力 ➡p.142 低下・早産 ➡p.142 ・低出生体重児 ➡p.143
❷ ダイエットの精神的影響
➡摂食障害 ➡p.143 ➡拒食症 ➡p.143 ・過食症 ➡p.143
❸ 肥満の身体的影響
➡生活習慣病 ➡p.143 のリスクが高まる

★生活習慣病の予防
❶ 生活習慣病
➡高血圧 ➡p.143 ・動脈硬化 ➡p.144 ・糖尿病 ➡p.143
脳卒中 ➡p.144 ・心筋梗塞 ➡p.144 など
❷ 食事面
➡1日3食・塩と脂肪分のとりすぎに注意・魚や野菜も食べる
❸ 運動面
➡積極的に歩くことを習慣づける・階段を昇る➡習慣化
❹ 睡眠面
➡早起き➡体内時計 ➡p.146 のリセット➡睡眠の質の向上

テーマ 解説

≫ 実際の出題例を見てみよう！

→ 解答・解説は p.147

出題例

肥満度を判定する方法の1つである体格指数、すなわち BMI は、体重〔kg〕÷（身長〔m〕×身長〔m〕）で計算できる。BMI の標準値は 22 だが、BMI を標準値付近に保つためにはどうすればよいか。400 字程度で、あなたの考えを記述しなさい。

（東京都立大学・都市環境学部／改）

◆ 現代人の健康状態

じつは最近太っちゃいました。だから、もう少しやせたいんです……　でも、つい食べちゃうんですよね～

　ミホさんは、太っていないと思うよ。ほんとうは太っていないのに自分を太っていると思い込んでいる若い女性が多いというデータがある。とくに20代の女性の場合、**BMI**が18.5未満で、やせているとみなされる人の割合は、約20%だという。「BMI」（Body Mass Index）とは、体重と身長の関係から算出される、人の肥満度を表す体格指数のこと。日本語では「ボディマス指数」という。

　計算式は、BMI＝体重〔kg〕÷（身長〔m〕）^{2}だよ。日本肥満学会は、BMIが22の場合を標準体重、25以上の場合を肥満、18.5未満の場合を低体重としている。適正体重は（身長〔m〕）^{2}×22で求められるから、自分の体重が適正かどうかを判断する基準にはなる。<u>若い女性がやせ気味なのは、BMIが標準値なのにダイエットをやりすぎている人が多いから</u>だと考えられている。

　一方、男性の場合、BMIは比較的高い値を示す傾向にある。BMI

が25以上の人の割合は、男性の場合30%以上なんだ。約3人に1人が肥満ということになるね。男性の場合、20代だと太っている人はそれほど多くないんだけれど、30代から肥満の人が増える。これは、仕事が忙しくなって生活が不規則になったり運動不足になったりする人が多いからだ、と考えられる。

◆ 過剰なダイエット志向の問題点

そういえば、たしかに友達もみんなダイエットしたいといっています。ダイエットは、もはや常識ですよ！

やせているほうが、なんとなくいいと思っている若い女性は多い。それは、メディアによってやせているほうがいいという価値観が蔓延（まんえん）しているからなんだ。また、ダイエット情報が次つぎに広まることも、過剰なダイエット志向の原因になっている。さらに、やせることがヘルシーだと勘違いしている人も多い。

ダイエットのやりすぎは、じつは健康を害する原因になる。たとえば、鉄分が不足すると疲れやすくなるし、貧血にもなりやすくなる。また、骨は若いときに成長するから、無理なダイエットをしてカルシウム不足になると、骨密度が低下し、骨量が減少してしまう。その結果、将来的には骨粗しょう症（こつそ）になる可能性が高まるんだ。骨粗しょう症は骨折の原因になるけれど、年をとってからの骨折は寝たきりになる可能性が高い。さらに、過度なダイエットは、免疫力（めんえき）も低下させてしまう。「免疫力」とは、体内に侵入した病原体や毒素、外来物、あるいは、体内に発生したがん細胞などと闘って、病気から体を守る力のこと。免疫力が低下すると病気にかかりやすくなるし、病気が治りにくくもなってしまう。

それから、女性の場合、妊娠中にやせすぎの状態だと早産の可能性

も高まるし、胎児に十分な栄養を送れないため、低出生体重児が生まれやすくなる。「低出生体重児」とは、2,500g未満で産まれた赤ちゃんのこと。低出生体重児は、大人になってから、糖尿病や高血圧、脂質異常症など、生活習慣病にかかりやすいと考えられている。それから、ダイエットのやりすぎは、精神面にも深刻な影響を与える。拒食症や過食症など、摂食障害になる場合があるんだ。

◆ 過剰な健康志向の問題点

なんだか、怖くなってきました……　絶対に無理なダイエットはしません。やっぱり健康がいちばんです！

　たしかに、30代以上の男性に多い肥満も、糖尿病や高血圧、脂質異常症などの生活習慣病のリスクを高めるから太りすぎも問題なんだけれど、女性の場合、ダイエットのやりすぎは、自分の健康を害するだけでなく、将来生まれてくるかもしれない子どもにまで影響するから注意が必要だね。

　実際、いまの日本人は、健康志向が強い。本来、健康は何かを達成する手段なのに、健康であること自体が自己目的化しているんだ。現代人にとって健康を求める気持ちは、信仰に近いといえるかもしれない。しかも、さまざまな企業が広告によって健康を失うことへの不安をあおりながら自社の製品やサービスを宣伝するから、過剰な健康志向は終わることがない。ダイエットにしても、次から次へとさまざまな方法が流行するよね。でも、特定の食べ物や飲み物だけをとりつづけたり、食事の量を厳しく制限したりするダイエットはどこか不自然だし、健康食品やサプリメントに頼るのもあまり感心しない。もちろん、健康であることはすばらしいことなんだけれど、流行に踊らされることなく、ほんとうに健康になることが大事だよ。

◆ 生活習慣病の予防

なんでも、やりすぎは禁物ですね……　でも、「ほんとうに健康になる」って、どういうことなんだろう？

　まず、将来生活習慣病にならないようにすることが大事だと思うよ。「生活習慣病」とは、生活習慣によって引き起こされる、高血圧や動脈硬化、糖尿病、脳卒中、心筋梗塞などの病気の総称。食事や運動不足、ストレス、喫煙、過度の飲酒という日常的な生活習慣の積み重ねが原因となって起きる病気なんだ。

　ミホさんは、きちんと食事をとっているかな？　男性の場合、濃い味つけが好きだったり野菜をあまりとらなかったりすることが多いけれど、女性の場合は、果物だけ、サラダだけ、パンだけということがあるからね。もちろん、お菓子だけなんて論外だよ。また、男性と女性を問わず、ファストフードやコンビニの弁当ばかり食べるのもよくない。それから、朝食を抜くのもよくないし、夜遅くに夜食を食べるのもだめだよ。

　ちなみに、血圧、血糖値、あるいは、コレステロールや中性脂肪など脂質の数値も生活習慣病と関係している。血圧は高血圧、血糖値は糖尿病、脂質は脂質異常症と動脈硬化に直結するからね。さらにまた、動脈硬化は脳卒中や心筋梗塞の原因になる。

　あとは、内臓脂肪だね。内臓脂肪はお腹の周りにつきやすいから、腹囲のチェックも大事だよ。腹囲は、メタボリックシンドロームの判断材料になるんだ。

◆ 健康のための食事

お菓子だけ食べたりはしていません！　でも、果物だけのときはあります……　どういう食事が理想ですか？

　まず、塩分のとりすぎに注意すべきだね。しょうゆやみそを減塩にするのもいいけれど、薬味や香辛料を使ったり、酸味を効かせたりすることによって、塩分ひかえめでもおいしく食べることができるよ。そして、ハムやソーセージなどの加工食品にも塩分が多く含まれているから注意しよう。

　また、脂肪分のとりすぎにも注意が必要だよ。脂質の数値が高い人の場合は、調理法として、揚げたり炒めたりするより、蒸したり煮たりするといい。それから、市販の惣菜の天ぷらやフライなどには当然脂肪分が多いから、なるべく避けるようにしよう。

　それから大切なのは、肉もいいけれど、魚もしっかり食べることだね。とくに、サンマやイワシなど青魚の脂質には、**DHA（ドコサヘキサエン酸）やEPA（エイコサペンタエン酸）などの不飽和脂肪酸**が多く含まれている。これらの成分は、中性脂肪やコレステロールの値を低下させると同時に、脂質異常症や高血圧、動脈硬化、心筋梗塞、脳卒中などの生活習慣病を予防するという。

　あと忘れてならないのは、野菜だね。日本人の場合、どの世代も野菜不足だけれど、とくに若い世代の野菜不足が目立つんだ。野菜には生活習慣病を予防する効果があるし、野菜を先に食べると血糖値が上昇しにくくなるという。サラダを食べるのもいいけれど、野菜は、煮たり蒸したり炒めたりすることによって多くの量を摂取することが可能になるよ。ちなみに、1日あたりの野菜の目標摂取量は、350gといわれている。

◆ 健康のための運動と睡眠

これからは、朝昼晩3食バランスよく、魚や野菜も食べるようにします！　病気にはなりたくありませんから。

　運動も大切だよ。血管を健康な状態に保つことによって、動脈硬化を予防し、高血圧や糖尿病、心筋梗塞や脳卒中のリスクを減らすことができる。また、メタボリックシンドロームにならないためにも運動は欠かせない。特定のスポーツに打ち込むのも、もちろんすばらしいことだけれど、ふだんあまり運動しない人は、自分が利用している駅の1つ手前の駅で電車を降りて徒歩で家に帰るなど、積極的に歩く習慣を身につけると運動量が増えると思う。また、エスカレーターと階段がある場合、必ず階段を選ぶのもいい。

　それから、十分な睡眠も不可欠だね。睡眠は質も大事だよ。スマホのブルーライトは睡眠の質を下げるから、就寝前のスマホはやめたほうがいい ⇒ p.24 。最近の研究では、睡眠不足や睡眠障害も、高血圧や糖尿病などの生活習慣病の原因になるといわれている。睡眠の質を高めるためには、早起きによって体内時計をリセットし、規則正しく生活するのが、いちばん大切なんだ。

　つまり、生活習慣病のリスクを減らし、健康寿命 ⇒ p.82 を延ばすためには、早起きして1日3食きちんと食べ、適度な運動も欠かさず、夜ぐっすりと寝ることが必要だ、ということだね。

出題例の 解答・解説

出題例 **再録**　　肥満度を判定する方法の1つである体格指数、すなわち BMI は、体重〔kg〕÷（身長〔m〕×身長〔m〕）で計算できる。BMI の標準値は 22 だが、BMI を標準値付近に保つためにはどうすればよいか。400 字程度で、あなたの考えを記述しなさい。

✿ 構想メモを書いてみよう！

> **序論**　　自分の考えを簡潔に述べる

● 肥満か低体重かで、BMI を標準値に近づける方法は変わる
　➡ 男性の場合は肥満が多く、女性の場合はやせている人が多い

> **本論**　　自分の考えを具体的に述べる

● 肥満の人が BMI を標準値に近づける方法
　➡ たとえば、中年男性が注意すべきことを具体的に述べる
● やせている人が BMI を標準値に近づける方法
　➡ たとえば、若い女性が注意すべきことを具体的に述べる

> **結論**　　自分の考えを、もう一度まとめる

● 性別を問わず、BMI を標準値付近に保つ方法
　➡ 男女に共通して将来のために心がけるべきことを述べる

　序論で、BMI を標準値付近に保つといっても、肥満の人と低体重の人とでは方法がちがうことを指摘する。本論では、中年男性が BMI を標準値付近に保つ方法と若い女性が BMI を標準値付近に保つ方法を具体的に説明する。最後に、男女問わず、BMI を標準値付近に保つために注意すべきことを述べ、結論として提示する。

テーマ12　健康のあり方　**147**

合格点まであと一歩の答案例

肥満の人が多いことには、栄養のかたよりや運動不足が関係している。摂取した食事の量に応じた運動をしないことや、肉類や脂肪分のとりすぎが、メタボリックシンドロームを引き起こすからである。たしかに、現代の日本では食の欧米化が進み、高カロリーでおいしい食事や糖分をたくさん含むジュースや菓子も増えている。また、昔は外で遊ぶ子どもが多かったが、いまはゲームの普及もあり、室内で遊ぶ子どもが増えている。

よって、肥満を改善し、BMIを標準値付近に保つには、健康管理が重要である。そのためにはふだんの生活を見直す必要がある。朝食抜きは肥満の原因なので、朝食を抜いてはいけない。多くの人は健康管理がじょうずにできていない。健康管理を行なうには、適度な運動や食事、睡眠をとる必要がある。BMIを標準値付近に保ち、健康な生活を送るためには、自分で栄養を考えた食事をつくることや、ウォーキングなど適度なトレーニングを行なう健康づくりをしなければならない。

(415字)

全体を通じた コ メ ン ト ✏

「肥満度」という言葉に影響されたのか、肥満の問題だけを論じ、やせすぎの問題に触れていない。BMIを標準値付近に保たなければならないのはやせすぎの人も同じであることに気づくべきである。また、食の欧米化やゲームの普及など、肥満の原因を列挙し健康管理の必要性を述べたうえで最後に具体的な方法を提示しているが、全体的に整理されていないという印象を受ける。最初にしっかりと構成を考えてから文章を書くべきである。

答案例への コメント ✏

➡**❶**：○　間違ったことは述べていないが、一般論である。

➡**❷**：○　理由として間違ったことは述べていない。

➡**❸**：△　肥満の人が増える原因として間違ってはいないが、BMIを標準値付近に保つ必要があるのは、肥満の人だけでなく、やせすぎの人もいるので、そのことも論じるべきである。

➡**❹**：△　子どもの肥満の原因として間違ってはいない。

➡**❺**：○　間違ってはいないが、論じているのが肥満だけである。

➡**❻**：○　間違ってはいないが、一般論である。

➡**❼**：△　間違ってはいないが、具体例が突然出てくる印象を受ける。

➡**❽**：△　一般論である。

➡**❾**：○　一般論として正しい。しかし、BMIを標準値付近に保つ方法としてこの内容を冒頭で書き、論を展開すべきである。

➡**❿**：✗　最後に具体的な方法を述べているが、最後は、具体例を提示するのではなく、自分の意見を抽象的にまとめるべきである。

神 髄 23

最初に全体の構成を決定してから書く！

序論

BMIを標準値付近に近づける方法は、肥満の人と低体重の人とで異なる。男性は、中年以降、肥満になる人が多いのにたいして、女性は、若いときにやせすぎの傾向があるので、それぞれ適切な方法で、BMIを標準値に近づけるべきである。

本論

たとえば、働きざかりの男性の場合、過度の飲酒や脂肪分の高いメニュー、食事の時間が不規則なことなどが肥満の原因である。したがって、カロリーや栄養バランスを考えたうえで、規則正しい食生活をすべきである。また、若い女性の場合、過剰なダイエットによって、低体重の状態になっているケースが多い。したがって、やせすぎの人は、ダイエットの危険性を認識し、栄養をバランスよく、十分に摂取すべきである。

結論

このような方法によってBMIを標準値に近づけることは可能だが、大切なのは、BMIを標準値付近でキープすることである。そのためには、男性女性を問わず、食事に気を配るだけでなく、日ごろから適度な運動をすべきである。

(407字)

全体を通じた｜コ｜メ｜ン｜ト｜

　序論では、BMIを標準値付近に近づける方法にかんして、肥満のケースと低体重のケースに分けて論じている。そのうえで、本論において、肥満の原因と対策、やせすぎの原因と対策を具体的に説明しているので、説得力がある。さらに、結論ではBMIを標準値付近に近づけるだけでなく、設問が要求している、BMIを標準値付近に保つために大切なことを述べている。しっかりした構成にもとづいて書かれた答案という印象を受ける。

答案例への｜コ｜メ｜ン｜ト｜

➡❶：○　BMIを標準値に近づける方法が一律ではなく、場合分けが必要であることを指摘している。

➡❷：○　場合分けが必要な根拠を述べている。

➡❸：◎　中年以降の男性に肥満が多い原因を具体的に述べている。

➡❹：○　肥満の問題を解消する方法を述べている。

➡❺：◎　若い女性にやせすぎが多い原因を具体的に述べている。

➡❻：○　やせすぎの問題を解消する方法を述べている。

➡❼：◎　設問の要求が、BMIを「標準値に近づける」ことだけでなく、「標準値付近に保つ」ことである点を確認している。

➡❽：◎　BMIを「標準値付近に保つ」ため男女に共通する大切なことを指摘できている。

神｜髄｜24

場合分けによって論理を整理できる！

テーマ 13　食生活のあり方

食にかんする問題と解決策

頻出ランク ★★★★★

これがテーマの 神髄 だ！

★食生活のあるべき姿

- 理想の食事
  ➡一汁三菜 ⇒ p.153 ➡和食 ⇒ p.153 ➡理想の栄養バランス

★5大栄養素＋1

1. 炭水化物 ⇒ p.153 ➡糖質 ⇒ p.154 ・エネルギーになる
2. タンパク質 ⇒ p.153 ➡アミノ酸 ⇒ p.154 が体を形成する
3. 脂質 ⇒ p.154 ➡エネルギー源・体を形成・体の調整など
4. ビタミン ⇒ p.153 ➡体の機能の正常化・新陳代謝 ⇒ p.155
5. ミネラル ⇒ p.153 ➡体を構成する・体の調子を整える
6. 食物繊維 ⇒ p.154 ➡体の調整➡生活習慣病 ⇒ p.156 の予防

★食品ロスの原因

1. フードファディズム ⇒ p.156 ➡マスメディアによる食の流行
2. 事業者側の問題
   ➡規格外品・返品・売れ残り・食べ残しの食品➡廃棄
3. 消費者側の問題
   ➡食べ残し・期限切れ食品の直接廃棄・過剰除去

★我われにできること

1. 買い物のときに買いすぎない・陳列棚の手前から取る
2. 料理をつくりすぎない・余った場合はじょうずに保存する
3. 外食のときに注文しすぎない・残った場合は持ち帰る
4. フードドライブ ⇒ p.158 やフードバンク ⇒ p.158 の利用

テーマ　解説

≫ 実際の出題例を見てみよう！

→ 解答・解説は p.159

出題例　「食品ロス」とは、食べられるのに廃棄される食品をいう。「食品ロス」を削減するためにできることを、消費者の視点から400字程度で述べなさい。

（群馬大学・教育学部／改）

◆ 食生活のあるべき姿とは

> バランスよく食べるって、なかなか難しいと思います。いつの間にか、かたよっている気がします……

　たしかに、自分ではバランスをとっているつもりでも、ほんとうにバランスがとれているかどうかはわからないよね。栄養バランスがとれた食事を表す一汁三菜（いちじゅうさんさい）という言葉がある。「一汁三菜」とは、一般的に、ごはんに汁物（しるもの）、主菜、副菜を2品加えた日本的な食事のこと。具体的には、<u>炭水化物</u>を多く含むごはんなどの穀類を基本的な「主食」にし、そこに<u>タンパク質</u>を多く含む肉や魚、卵や<u>大豆</u>などのおかずになる「主菜」、野菜やキノコ、海藻（かいそう）などの<u>ビタミン</u>や<u>ミネラル</u>を含む「副菜」を2品、さらにみそ汁などの「汁物」を加えるような和食のことだけれど、このような食事ならば、栄養バランスが理想的といえるね。日本では、食の欧米化が進んでいるけれど、このような和食を、1日の摂取量を意識しつつ<u>カロリー</u>をとりすぎないように工夫して食べ続ければ、食事内容としてはほぼ完璧だといえるよ。

◆5大栄養素＋1

炭水化物にタンパク質、ビタミンやミネラル……
それぞれに意味があるんですね！

　栄養素について、おさらいしておこう。まずは3大栄養素。「3大栄養素」とは、人間にとってエネルギー源となったり、身体の組織をつくったりする炭水化物やタンパク質、脂質のこと。最近では、「エネルギー産生栄養素」ともいうよ。これにビタミンとミネラルを加えると5大栄養素になる。

　まず、炭水化物。「炭水化物」は、糖質と食物繊維で構成されている。ごはんやパンなど炭水化物に含まれる糖質は、体内で消化吸収されてブドウ糖などの糖に変化する。糖は、脳や身体にとって即効性のある大切なエネルギーだから、不足すると脳のはたらきが低下したり疲れやすくなったりするんだ。ただし、エネルギーとして使われずに余ってしまうと中性脂肪に変換され、最終的には脂肪として体内に蓄えられてしまう。だから、たとえおいしくても炭水化物のとりすぎは禁物だね。

　また、栄養素としてはタンパク質も大事だよ。肉や魚、卵、乳製品、大豆などに多く含まれているタンパク質は、消化吸収されるとアミノ酸に変化するんだ。「アミノ酸」は、体内で再びタンパク質を構成し、筋肉や内臓、骨、血液、皮膚、髪、爪などの成分になる。また、体内の酵素やホルモン、抗体、免疫細胞などもアミノ酸で形成されている。ちなみに、膨大な遺伝情報が書き込まれ、「タンパク質の設計図」といわれているDNA（デオキシリボ核酸）自体もアミノ酸でつくられている。人の身体はアミノ酸でできているともいえるんだ。アミノ酸は、体内でほかの成分から合成できるアミノ酸と、体内で合成できない必須アミノ酸に分けられるけれど、必須アミノ酸は食

べ物からしか摂取できない。だから、タンパク質を含む食べ物が不足すると筋肉が少なくなるし、免疫力が低下して病気にかかりやすくなったり、ホルモンバランスが崩れたりする。

炭水化物やタンパク質が身体に必要なのはよくわかりました！　でも、脂質はいらない気がするのですが……

脂質は、けっこう悪者扱いされているよね。たしかに、摂取量が多いと肥満の原因になるけれど、脂質にも重要な役割があるよ。「脂質」は、エネルギーの貯蔵源として使われるだけでなく、細胞膜や臓器、神経などを構成する成分になっているし、ビタミンの運搬を助けるはたらきもしているんだ。また、体温を保ったり、ホルモンのはたらきを助けたりしている。脂質が不足すると、美容や健康のためによくないんだ。肌や髪を美しく保つためには、ある程度の脂質が必要だよ。

それから、ビタミンやミネラルも重要だね。「ビタミン」は身体の機能を正常に保つために不可欠な栄養素で、血液や粘膜、皮膚、骨などを健康な状態に保つと同時に、新陳代謝を促すはたらきをしている。必要な量は少ないけれど、体内でほとんど合成されないから、食べ物から摂取する必要があるんだ。あとビタミンには、水に溶ける水溶性ビタミンと水に溶けにくい脂溶性ビタミンがあることにも注意する必要がある。水溶性ビタミンは過剰に摂取しても排出されるけれど、脂溶性ビタミンは肝臓に蓄積されるから、摂取しすぎると過剰症を引き起こす原因になる。通常の食生活ならば心配することはないけれど、サプリメントで大量に摂取したりすると危険だよ。

「ミネラル」とは、身体を維持するのに必要な元素で、ナトリウム、カリウム、カルシウム、マグネシウム、リン、鉄分、亜鉛、銅、マンガン、ヨウ素、セレン、クロム、モリブデンなどの元素のこと。ミネラルにも、歯や骨など身体を構成する成分になったり身体の調子を整

えたりするはたらきがある。ミネラルは体内で合成できないため、食物から摂取する必要があるんだ。不足した場合は欠乏症、とりすぎた場合は過剰症になる。

それから、栄養素ではないけれど、身体にとって大事なのが食物繊維だよ。「食物繊維」とは、人間の消化酵素では消化することができない食べ物のなかの成分のこと。水に溶ける水溶性食物繊維と、水に溶けない不溶性食物繊維とがある。食物繊維を摂取すると、整腸効果によって便通がよくなる。また、糖質の吸収をゆるやかにして、血糖値の急激な上昇を抑えるはたらきもあるという。だから、生活習慣病 p.144 の予防にも役立つんだ。食物繊維は、穀類や野菜、豆、果物、キノコ、海藻などに含まれている。ミホさんも、毎日欠かさずとるべきだね。

◆ フードファディズム

私の食事、かたよっていたかも……　でも、かたよった食生活が健康に悪いって、ほんとうによくわかりました！

そうだね。だから、マスメディアが流す情報に惑わされず、正しい知識にもとづいて食生活を送る必要がある。食べ物には流行があるよね。たとえば、テレビや雑誌、書籍、インターネットで特定の食べ物が健康によい、あるいは悪いという情報が流れると、その食品ばかり摂取したりその食品を摂取しなくなったりする人が多い。科学的に証明されていないのに、特定の食品や栄養素が健康に与える影響を過大評価し、その効果を熱狂的に信じることを「フードファディズム」(food faddism) という。

いま、日本では食品ロスが問題になっているけれど、フードファディズムも食品ロスの原因になっている。流行は必ず終わるから、流

行に合わせて大量に生産した食品は、流行が終わって余ると廃棄せざ<ruby>廃棄<rt>はいき</rt></ruby>るをえないからね。

◆ 食品ロスの原因

> 食べられる食べ物を捨てるのはもったいない！
> どうして捨てちゃうんだろう？

　日本では、2016年に家庭から約291万トン、外食産業や食品製造業、食品小売業など事業者から352万トン、合計約643万トン、食べられるのに捨てられた食品があると推計されている。なかなか想像するのが難しいかもしれないけれど、毎日10トンの大型トラックで約1,760台分の食料を廃棄していることになる。1人あたりに換算すると、1年で約51kg、1日に茶碗1杯分のコメを捨てている計算になるという。

　事業者の場合には、おもに規格外品、返品、売れ残り、食べ残しの食品などが捨てられる。一方、家庭の場合には、食べ残しもあるけれど、賞味期限や消費期限が切れたことを理由に手をつけずに捨てられている食べ物もあるし、料理のときに皮をむきすぎたりして食べられる部分を除去しているケースもある。

◆ 食品ロスを減らすためにできること

> 食品ロスを減らすべきです！　いまから私にもできることって、何かありますか？

　買い物のとき、買いすぎないことが基本だね。たとえば、買い物の前に冷蔵庫内の写真をスマホで撮っておけば、何が必要なのかを把握

できるし、むだな買い物をしなくてすむ。また、期限がある食べ物の場合、棚の奥から商品を取る人がいるけれど、すぐ食べるならば手前から取るべきだね。手前の商品が売れ残った場合、期限切れで廃棄されることになり、食品ロスが生じてしまうんだ。

　また、料理のときは、体調や健康を考えて、つくりすぎないことを心がけよう。材料も、冷蔵庫内の配置方法を工夫し、すでに保存していた食材から使うようにして余らせないようにするべきだよ。もし食材が余りそうだったら小分けにして冷凍するなど、傷みにくい方法で保存しよう。

　それから、外食の機会もあると思うけれど、外食のときは、食べられる量だけ注文することが大切だね。小食の人はハーフサイズを選ぶという方法もある。そして、どうしても残してしまった場合は、持ち帰りにできるかどうかを店員に相談するのもいい。

　さらに、お中元やお歳暮、贈答品など、家族で食べきれない量の食品がある場合、フードドライブという方法もある。「フードドライブ」とは、家庭で余っている食品を持ち寄り、フードバンクなどを通じて地域の福祉団体や施設に寄付する活動だよ。これも、食品ロスを削減するための有効な方法だね。

出題例の解答・解説

出題例 再録 「食品ロス」とは、食べられるのに廃棄される食品をいう。「食品ロス」を削減するためにできることを、消費者の視点から400字程度で述べなさい。

✿✿ 構想メモを書いてみよう！

> **序論**　自分の考えを簡潔に述べる

- 食品ロスを削減するためには、意識的な行動が必要である
  - ➡ 食品の消費や料理をするとき、外食のさいに意識して行動する

> **本論**　自分の考えを具体的に述べる

- 消費するときに意識すること
  - ➡ 計画的に買い物をする・陳列棚の手前から食品を選ぶ
- 料理するときに意識すること
  - ➡ 体調や健康を考え、適切な量の食事をつくる・じょうずに保存する
- 外食するときに意識すること
  - ➡ 食べられるぶんだけ注文する・残してしまった場合は持ち帰る

> **結論**　自分の考えを、もう一度まとめる

- 意識して行動することによって、食品ロスは削減できる
  - ➡ 消費のとき、料理のとき、外食のときの意識的行動で削減は可能

　序論では、食品ロスを削減するために消費者としてできることを簡潔に述べる。本論では、食品を消費するとき、料理するとき、外食をするときなど、それぞれの場面において食品ロス削減に必要な行動を具体的に説明する。結論では、具体例を自分の言葉でまとめ、消費者の意識的行動によって食品ロス削減が可能だと述べる。

合格点まであと一歩の答案例

　食品ロスという言葉をよく聞くが、一般家庭において、それほど食品ロスは出ていないのではないだろうか。自分は、料理をよくするほうだが、冷蔵庫で食べ物が傷んで捨てることは、ほとんどなく、あっても年に数回だからである。また、残したとしても、翌日には食べるので、食べ残しを捨てる習慣がない。

　だから、食品ロスの具体的な対策として、飲食店では、食べ残した食品を持ち帰れる制度をつくればよい。なぜなら、テレビのニュースで見たとき、いちばんの原因は食べ残しだったからである。大量に余った食品を少しでも多く持ち帰ってもらう制度をつくれば、むだな食品ロスがなくなる。また、この方法ならば、ごみ問題も解決する。私は幼少のころ、米粒を残さないで食べなさいといわれ、「もったいない」という精神を学んだ。よって、食品ロスをなくすには、飲食店で食べ残しを持ち帰る制度をつくり、食育を通じて、「もったいない」という精神を広めるべきだと考える。

(404字)

全体を通じた コ メ ン ト

　自分の経験から意見を述べようとするのはもちろんよいことだが、この答案は、自分の個人的な経験をいきなり一般化している点に問題がある。自分が食品ロスをほとんど出さないからといって一般家庭の食品ロスがほとんどないとはいえないし、自分がテレビで見た情報だけが正しい情報とはかぎらない。自分の経験から意見を述べるときは、意見が独りよがりになる可能性があることに十分注意する必要がある。

答案例への コ メ ン ト ✎

➡**❶**：△　冒頭で問題提起するのはかまわないが、このあとで理由をしっ
かりと述べるべきである。

➡**❷**：✕　自分の経験を具体例として述べているが、あくまで個人的な
経験であって、**❶**の理由としては不十分である。

➡**❸**：✕　自分の経験を述べているが、**❶**の理由としては不十分である。

➡**❹**：△　「制度」をつくるのが行政側なのか店側なのかが不明である。

➡**❺**：△　「食べ残し」が外食時の「食べ残し」なのか、家庭の「食べ残
し」なのか、それとも両方なのかが不明である。

➡**❻**：✕　「食品ロスがなくなる」という表現は言いすぎである。

➡**❼**：✕　「ごみ問題も解決する」という表現は言いすぎである。

➡**❽**：△　自分の経験を述べるのはかまわないが、突然「幼少のころ」
の話を書いているという印象を受ける。

➡**❾**：✕　**❽**からいきなり「食育」や「『もったいない』という精神」の
必要性を説いており、経験を強引に一般化してしまっている。

神 髄 25

自分の経験を強引に一般化してはいけない！

合格点がもらえる答案例

序論

食品ロスを削減するために、消費者の視点からできることは、意識的な行動である。消費や料理、外食のさいに、意識して行動することによって、食品ロスの削減は可能である。

本論

たとえば、買い物をするときは、冷蔵庫内を確認したうえで計画的に食品を購入すべきである。また、期限のある食品は、店側の廃棄物を減らすためにも、手前の物を選ぶべきである。さらに、家で料理するときは、体調や健康を考慮し、適切な量の食事をつくるべきだし、材料が残った場合は、冷凍などの方法でじょうずに保存するべきである。そして、外食時に意識するべきなのは、食べられるぶんだけ注文することである。また、残ってしまった料理は、持ち帰りできるか、店の人に相談すべきである。

結論

このように、食材を計画的に購入、料理、保存する、あるいは、外食のさい、適切な量の食事を注文するという消費者の意識的な行動によって、食品ロスの削減は可能である。

(388字)

全体を通じた コ メ ン ト 🖊

「『食品ロス』を削減するためにできることを、～消費者の視点から述べなさい」という設問の要求に正面から答えている。まず序論で意識的な行動の必要性を説き、本論で意識的な行動という抽象的な言葉を具体的に説明している。あくまで消費者の視点に立って、消費の場、家庭、外食時の意識と行動をそれぞれ説明しているので、説得力がある。最後に、具体例で述べたことを自分の言葉で簡潔に抽象化し、結論としている。

答案例への コ メ ン ト 🖊

- ➡❶：○　設問の要求に、正面から簡潔に答えている。
- ➡❷：○　❶で簡潔に答えた内容をわかりやすく言い換えている。
- ➡❸：○　消費の場においてできることを具体的に示している。
- ➡❹：◎　視点を変え、店側の食品ロスを減らす方法を示している。
- ➡❺：○　家のなかでできることを具体的に示している。
- ➡❻：○　外食のさいにできることを具体的に示している。
- ➡❼：○　さらに、外食のさいにできることを具体的に示している。
- ➡❽：◎　具体例を簡潔に自分の言葉でまとめることができている。

神 髄 26

「抽象➡具体➡抽象」の流れは、論理的構成の基本！

スポーツのあり方

スポーツにかんする問題と解決策

頻出ランク ★★★★★

これがテーマの 神髄 だ！

★スポーツの意義

❶　スポーツをする理由

➡健康維持・楽しみ・運動不足解消・交流・肥満解消など

❷　スポーツの意義

➡能力向上➡自信・積極性・行動力・責任感・協調性など

➡スポーツマンシップ ⇒p.166 が身につく

★スポーツマンシップ

● スポーツ➡ルールがある・相手がいる・審判がいる

● スポーツマンシップ

➡ルール・相手・審判を尊重する➡フェアプレー ⇒p.166

● 勝敗があることの意義

➡本気になれる・自分に克つ・悔しさや挫折を糧にできる

★勝利至上主義の弊害

❶　スポーツマンシップの軽視

❷　体罰 ⇒p.169 や暴言・ハラスメント ⇒p.169

❸　ドーピング ⇒p.169 問題➡スポーツが成立しなくなる

❹　遺伝子ドーピング ⇒p.169 ➡エンハンスメント ⇒p.169

★多様化するスポーツ

● e スポーツ ⇒p.170 ➡プロの試合もある

➡どんなスポーツでもスポーツマンシップは大切

テーマ 解説

≫ 実際の出題例を見てみよう！

→ 解答・解説は p.171

出題例 スポーツにおける勝敗の意義について、あなたの考えを400字程度で述べなさい。

（天理大学・体育学部／改）

◆ スポーツの意義

最近、運動不足なので、何かスポーツでも始めようかなって思っていたところです……

スポーツしたいという人は多いけれど、理由は、さまざまだね。

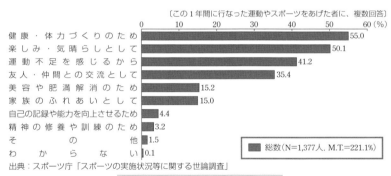

〔この1年間に行なった運動やスポーツをあげた者に、複数回答〕

理由	%
健康・体力づくりのため	55.0
楽しみ・気晴らしとして	50.1
運動不足を感じるから	41.2
友人・仲間との交流として	35.4
美容や肥満解消のため	15.2
家族のふれあいとして	15.0
自己の記録や能力を向上させるため	4.4
精神の修養や訓練のため	3.2
その他	1.5
わからない	0.1

総数（N=1,377人、M.T.=221.1%）

出典：スポーツ庁「スポーツの実施状況等に関する世論調査」

運動・スポーツを行なった理由

　ミホさんのように運動不足解消のためという人もいれば、健康維持、肥満解消、美容のためという人もいる。また、楽しいから、身体を動かすこと自体が好きだからという人もいるよね。それから、気晴らしやストレス解消のためにスポーツをする人もいるし、家族や仲間

と交流するためという人もいる。さらに、スポーツを始めてから、うまくなりたい、強くなりたい、ゲームに勝ちたい、チームの勝利に貢献したいという気持ちが高まり、技術の向上に努める人もいる。

　また、スポーツによって得られる感覚も、スポーツをする理由になっていると思うよ。目標に到達したときの達成感、イメージどおりにプレーできたときの充実感、力を出し切ったときの満足感、汗を流すときの爽快感、これらはスポーツならではの感覚だね。

　このように、人はさまざまな理由からスポーツを始めるけれど、スポーツを経験した結果、自分の能力が高まったと感じる人も多い。たとえば、できなかったことができるようになれば自信がつくし、自信がついてくると、積極性や能動性・主体性・行動力が身につく。また、チームプレーの場合、行動に責任をもつ必要があるから責任感も身につくし、仲間と協力する必要があるから礼儀作法や協調性、コミュニケーション能力も身につく。さらに、ゲームにおいては瞬間的な判断力が必要だし、戦術や戦略を決める決断力も要求される。

　そして、忘れてならないのが、スポーツを通じて養われるスポーツマンシップやフェアプレーの精神だね。

◆ スポーツマンシップ

　「我われは、スポーツマンシップにのっとって、正々堂々と戦います」って、よく聞きます。
でも、スポーツマンシップってどういう意味なんだろう？

　では、スポーツマンシップについていっしょに考えていこう。そのためには、まず、スポーツを定義する必要がある。
「スポーツ」とは、競争と遊戯性をもつ広義の運動競技の総称のこと。わかりやすくいえば、勝敗を競ったり楽しみを求めたりして身体を動かすことだけれど、ポイントは、そこにルールがあることだね。

ルールは、競技を楽しむためにある。たとえば、ラグビーではボールを前に投げてはいけないし、サッカーでは手を使ってはいけない。これらのルールがあることによって得点しにくくなるんだけれど、そこにゲームのおもしろさが表れる。

また、競技には相手が必要だよね。相手がいなければゲームが成立しない。だから、ゲームにおいて、相手は、敵であると同時に、いっしょにゲームを成立させる仲間であるともいえる。だから、たとえ対立する存在であっても、相手を尊重する必要があるんだ。それと同時に、ゲームには審判も不可欠だよね。だから、審判も、ときには判定をめぐって自分と対立する存在かもしれないけれど、やはり尊重する必要がある。

スポーツを楽しむには、このようにルールや相手、審判を尊重する必要がある。したがって、「スポーツマンシップ」とは、スポーツを楽しむためにルールを守ってフェアプレーに努めると同時に、競技の相手や審判にたいしても敬意を払う精神であるといえるんだ。試合前や試合後に選手が相手や審判と握手を交わすのも、敬意を払い感謝を伝えるためだよ。

◆ スポーツに勝敗がある意義

スポーツの試合って、けっこう複雑ですね……
私は、勝つことがすべてなのかと思っていました！

たしかに、勝負だから勝つことは大事だよね。競技をする人は、勝つために努力する。また、本気を出して全力を出しきるのも勝つためだよね。まさに真剣勝負。相手に勝った場合には、勝利の喜びを手に入れることができる。

でも、勝つことの意味は、それだけではない。「自分に克つ」とい

う意味もある。克己心という言葉があるよね。「克己心」とは、自分に打ち克つ心のこと。勝つためにルールを破りたくなる誘惑にかられるかもしれないけれど、スポーツマンシップにのっとって正々堂々と戦うためには、当然だけど、反則をしてはいけない。反則による勝利は、真の勝利とはいえないからね。自分に打ち克ちつつ試合に勝利してはじめて、ほんとうに勝ったといえる。

　では、負けることに意味がないかといえば、そんなことはない。本気で戦うからこそ、負けたときに悔しさを感じたり、挫折を覚えたりすると思うけれど、悔しさや挫折は、次の努力につながることによって将来の糧になる。また、自分の力をすべて出しきった結果、負けた選手のなかには、誇りを失うことなく、負けを潔く認めて、勝者に拍手を送る選手もいる。このような選手は「グッドルーザー」と呼ばれ、観客からも称賛される。

　そもそも、すべての勝負に勝ちつづける人などまず存在しない。勝つことも負けることもあるのが勝負なんだ。スポーツにおいて本気で勝ち負けを競い、さまざまな感情を覚えることは、結果にかかわらず貴重な経験として蓄積されていくはずだよ。

◆ 勝利至上主義の弊害

負けることにも意味がある……　スポーツの世界って深いんですね……　人生にも通じる気がします。

　勝つことがすべてという考えを「勝利至上主義」という。たしかに、勝つことを求めるから競技が成立するんだけれど、勝利至上主義に陥ると、多少アンフェアなプレーをしても勝ちさえすれば許されるという誤った認識が生まれるおそれがある。勝つことだけを優先し手段を選ばないことはスポーツマンシップに反するし、勝つことの価値

を無にする行為だといえるよ。

　勝つことだけに固執する指導者の場合、体罰や暴言が日常化することもある。試合で勝つという目的によって間違った指導法を正当化してしまうんだ。そのような指導者は、選手を勝利という目的を達成するための手段とみなしていることが多い。でも、指導者が暴力をふるったり怒鳴ったりしていたら、スポーツをしてもぜんぜん楽しくないよね。そのような環境にいたら、競技がきらいになる可能性も生まれる。また、残念なことだけれど、指導者のなかには、優位性を利用して、パワーハラスメントやセクシャルハラスメントなどのハラスメント（いやがらせ行為）をする者すらいる。

◆ ドーピング問題

　勝つことだけを目的にすると、スポーツが楽しくなくなるんですね……　私は、楽しくスポーツしたいです！

　スポーツには、ドーピングの問題もある。「ドーピング」とは、スポーツにおいて、競技力を向上させるために禁止されている薬物や方法を使うこと。ドーピングには健康を害するリスクがあるだけでない。ドーピングは、アンフェアで、スポーツマンシップをふみにじる行為なんだ。ドーピングが蔓延すると、スポーツの価値が消滅し、スポーツが成立しなくなってしまう。

　1999年に発足した世界アンチ・ドーピング機関（WADA）がドーピングの根絶に向けて活動しているけれど、今後問題になると予想されているのが遺伝子治療を応用する方法である遺伝子ドーピングだよ。これはエンハンスメントの一種だと考えられる。「エンハンスメント」とは、いままで病気の治療に用いられてきた医療技術を、身体や精神の機能を向上させるために用いること。たとえば、筋ジストロフィー

の患者のために研究されている遺伝子操作を用いた医療技術を、スポーツ選手の筋力増強に使ったりする。薬物を使わないので痕跡^{こんせき}が残らないと考えられているんだ。

◆ 多様化するスポーツ

スポーツ選手は憧れの的です！　選手がドーピングなんかしていたら、子どもたちもがっかりしますよね……

　スポーツ選手の影響って大きいよね。スポーツといっても、野球やサッカー、バスケットボールなどの球技、陸上や体操、ボートやヨットなどの水上スポーツ、柔道やレスリング、ボクシングなどの格闘技、スキーやスケートなどのウインタースポーツというようにさまざまな競技があるけれど、比較的新しいのが、エレクトロニック・スポーツ、いわゆるeスポーツだよ。「eスポーツ」とは、競技としてのコンピュータゲームのこと。いまでは、プロの大会もある。時代とともにスポーツも変わっていくんだね。

　でも、変わらないのは、スポーツマンシップが大切だということ。どのスポーツにおいても、アンフェアな方法で勝つのは卑劣だし、かっこ悪い。ルールを尊重することの意味をしっかりと理解してスポーツを楽しむ人こそが真のスポーツマンだね。

出題例の 解答・解説

出題例 **再録**　スポーツにおける勝敗の意義について、あなたの考えを 400 字程度で述べなさい。

✿✿ 構想メモを書いてみよう！

序論　　**自分の考えを簡潔に述べる**

● 勝敗自体、勝つこと、負けること、それぞれに意義がある
　➡ 勝敗について場合分けをし、それぞれの意義を述べる

本論　　**自分の考えを具体的に説明する**

● 勝敗が存在すること自体の意義
　➡ 勝敗があるから努力するし、本気を出して全力をつくす
● 勝つことの意義
　➡ 勝利の喜びを手に入れる・自分の心に打ち克つ
● 負けることの意義
　➡ 悔しさや挫折は、さらなる努力につながる

結論　　**自分の考えを、もう一度まとめる**

● スポーツにおける勝敗の意義
　➡ 参加者を真剣にさせる・貴重な経験といえる感情をいだかせる

> 　序論では、スポーツにおいて勝敗が存在することの意義を簡潔に述べる。本論では、勝ち負けが存在することの意義、勝つことの意義、負けることの意義を場合分けしたうえで、それぞれ具体的に説明する。結論では、それまでの内容を抽象化し、スポーツにおいて勝敗があることの意義を自分の言葉でまとめる。

合格点まであと一歩の答案例

　スポーツには、勝ち負けがある。　勝つことを目標にするのがスポーツであり、勝ちたいからこそ、厳しいトレーニングに耐えて、努力できるのである。　また、試合に勝ったり、優勝したりした感動は、忘れられないものである。　さらには、人間は競争において本気になるため、勝ち負けは人間の能力を高める。

　しかし、その一方、勝ち負けにこだわると、勝利至上主義に陥る可能性がある。　そうなると、反則をしてまで勝とうとするなど、フェアプレーの精神が失われる。　また、勝利だけを目標にすると、スポーツを楽しむ人の数が減少する可能性もある。

　重要なのは、何を目的にするかである。　勝負に勝つために競技としてスポーツをする人の場合、勝つことに意義があるが、趣味や健康のためにスポーツをする人の場合、勝つことよりも、楽しむことに意義がある。　結局、勝敗に意義があるかどうかは、人それぞれであり、その人自身の目的しだいである。

(387字)

全体を通じた コ メ ン ト

　「スポーツにおける勝敗の意義」が問われていることに注意しよう。「意義」とは、事柄の価値や重要性である。したがって、この問題では、勝敗があることのプラス面を積極的に述べるべきである。答案例では、勝敗があることのプラス面とマイナス面を述べ、最後に意義の有無は人それぞれであると結論づけているが、小論文ではすべての価値観に優劣がないとする価値相対主義に陥ることなく、自分自身の意見を述べるべきである。

答案例への ｜コ｜メ｜ン｜ト｜🖉

➡❶：△　趣味のランニングなど、勝ち負けのないスポーツもある。

➡❷：○　スポーツで勝つことの意義を述べている。

➡❸：○　スポーツに勝敗があることの意義を述べている。

➡❹：◎　スポーツにおいて勝敗があることの意義として大切なことを
　　　　　述べている。

➡❺：△　スポーツに勝敗があることのマイナス面を指摘している。

➡❻：△　勝利至上主義のマイナス面の説明になってしまっている。

➡❼：△　❻と同様、勝利至上主義のマイナス面の説明である。

➡❽：✕　テーマがずれてしまっている。

➡❾：✕　世の中にはさまざまな価値観があり、勝利には意義があると
　　　　　いう考え方も、勝利にはそれほどの意義はないという考え方も
　　　　　両方正しいという価値相対主義に陥っている。

➡❿：✕　価値相対主義に陥るのではなく、スポーツに勝敗があること
　　　　　のプラスの価値について自分自身の意見を述べるべきである。

神 髄 27

価値相対主義に陥らないように注意すべきである！

序論

スポーツにおいては、勝ち負けがあること自体にまず意義があるが、勝負に勝つこと、あるいは、勝負に負けることにも、大切な意義があると私は考えている。

本論

試合に臨む者は、勝敗があるからこそ、勝つための努力をするし、試合でも本気を出し、全力を尽くす。そして、スポーツマンシップにのっとって戦い、勝利を得た場合、勝つことの喜びはもちろん、ともすればルールを守る大切さを忘れそうになる弱さを秘めた自分の心に打ち克った自信も手に入れることができる。では、負けた場合、何も得ないのかといえば、そのようなことはない。敗戦時に味わう悔しさや挫折感は、次の努力につながることによって、将来の糧になる。

結論

スポーツにおける勝敗の意義とは、このように参加する者を真剣にさせることであり、全力を尽くした者に、勝っても負けても、貴重な経験といえる感情をいだかせることである。

（368字）

全体を通じた コ メ ン ト

　最初から「スポーツにおける勝敗の意義」を述べよ、という設問の指示に従い、スポーツに勝敗があることの価値や重要性、プラス面を積極的に述べている。第2段落では、勝敗があること自体の意義、勝つことの意義、負けることの意義を整理して述べているのでわかりやすい。さらには、最後に「経験」をキーワードとして用い、具体例を抽象化している。

答案例への コ メ ン ト

➡❶：○　スポーツに勝敗があることのプラス面を場合分けして述べようとしていることがわかる。

➡❷：○　スポーツに勝敗があること自体の意義を述べている。

➡❸：◎　スポーツにおいて勝つことの意義を述べている。また、「スポーツマンシップ」という言葉をキーワードとして用い、勝つことで得られる喜び以外の貴重な感情を説明している。

➡❹：○　負ける場合に言及している。

➡❺：○　負けることによっても将来につながる貴重な感情が得られることを説明している。

➡❻：◎　「スポーツにおける勝敗の意義」を主語にしているため、論理的な一貫性を保つことができている。また、具体例で述べていたさまざまな感情を「経験」というキーワードを用いることによってうまくまとめている。

神 髄 28

キーワードを適宜入れると、抽象化できる！

テーマ
15

オリンピック・パラリンピック

平和の祭典としてのオリンピック

頻出ランク ★★★★★

これがテーマの 神髄 だ！

★オリンピックの意義
- クーベルタン ➡ p.177 の思想の継承 ➡ 世界平和の実現
  - ➡ オリンピズム ➡ p.177
  - ➡ オリンピック・ムーブメント ➡ p.178

★オリンピック・レガシー
- レガシー ➡ p.178
  - ➡ 物理的側面 ➡ 建物や設備をむだなく残していく
  - ➡ 精神的側面 ➡ 若い世代の人間性を育んでいく

★パラリンピック
❶ スピリット・イン・モーション ➡ p.179 ➡ 勇気と感動
❷ だれもが個性や能力を発揮できる公正な機会 ➡ 共生 ➡ p.180

★オリンピックの問題点
❶ ロサンゼルスオリンピック ➡ p.180 の成功 ➡ 商業主義 ➡ p.180
❷ IOC ➡ p.178 ➡ テレビ局やスポンサーの都合を優先

★オリンピックのメリットとデメリット
❶ メリット
  - ➡ 国際平和の実現・国際交流・スポーツ振興・経済効果
❷ デメリット
  - ➡ テロリズム ➡ p.182 や新型コロナウイルス感染症 ➡ p.182 などのリスクが高まる
  - ➡ 政治利用 ➡ p.182 の可能性 ➡ 国威発揚 ➡ p.182
  - ➡ 景気が悪化する可能性・巨額の赤字が出る可能性

テーマ　解 説

≫ 実際の出題例を見てみよう！

→ 解答・解説は p.183

出題例　あなたが考えるオリンピック開催のメリットとデメリットを 400 字程度で、できるだけ具体的に述べなさい。

（鈴鹿大学・国際人間科学部／改）

◆ オリンピックの意義

オリンピックって、平和の祭典っていわれますよね！　でも、どうしてなのかな？

　それには、オリンピックの歴史を知る必要がある。古代オリンピックに着想を得て、19世紀末に近代オリンピックを復興させたのはピエール・ド・クーベルタンという人だけれど、クーベルタンは、戦争が起こるのは他国の人びとにたいする無知によって誤解や偏見が生まれるからである、と考えていた。そして、そのような無知をなくすため、世界じゅうのアスリートがスポーツの世界大会で一堂に会することが必要だと考えたんだ。世界の若者が正々堂々と力や技を競い合い、互いの健闘をたたえ、そこに友情が生まれれば無知から生まれる誤解や偏見が解消し、相互理解が深まっていく。これがクーベルタンの考えだよ。

　このようなクーベルタンの思想を「オリンピズム」という。オリンピック憲章には「オリンピズムの目的は、人間の尊厳の保持に重きをおく平和な社会の推進を目指すため、また、人類の調和のとれた発展のため、スポーツを役立てることである」という内容が書かれている。オリンピックが「平和の祭典」といわれるのは、クーベルタンの

思想を受け継いでいるからなんだ。

　さらに、オリンピズムを世界に拡大する運動を、「オリンピック・ムーブメント」という。オリンピック憲章には「オリンピック・ムーブメントとは、オリンピズムとその諸価値に従い、スポーツを実践することを通じて若者を教育し、平和でよりよい世界の建設に貢献することである」と書かれている。わかりやすくいえば、世界じゅうの人びとが、スポーツを通じて友情を育み、フェアプレイの精神を大切にしながら相互の理解を深めることによって平和を目指す運動ということになる。ギリシャのオリンピアで太陽光から採火され各地でリレーされる聖火にも、平和を実現するというメッセージが込められているよ。

◆オリンピック・レガシー

　オリンピックが平和のためにあるって、よくわかりました！　最近よく聞く「レガシー」という言葉も、平和の実現と関係するのですか？

　「レガシー」は「遺産」のことだけれど、IOC（国際オリンピック委員会）が、2003年発行のオリンピック憲章に「オリンピック競技大会のよい遺産を、開催国と開催都市に残すことを推進する」と明記してから、開催地に立候補する都市はレガシーを考慮した提案を求められるようになったんだ。

　IOCによれば、オリンピックのために整備した建物や設備をむだにすることなく受け継いでいくという物理的な意味での遺産と、オリンピックを体感した若い世代の人間性を育んでいくという精神的な意味での遺産が考えられるという。

具体的には、5種類のレガシーが挙げられている。

❶	スポーツレガシー	（運動施設の整備・スポーツへの参加）
❷	社会的レガシー	（文化・教育・民族歴史認識・官民の協働）
❸	環境のレガシー	（環境都市への再生・新エネルギーの導入）
❹	都市のレガシー	（都市開発・インフラ整備）
❺	経済のレガシー	（雇用創出・経済活性化・観光客の増加）

いずれにしても、その場所に世界じゅうの人びとが集まって平和の祭典が行なわれたという記憶を継承し、未来に向けて平和の大切さを永続的に伝えるようなレガシーを残すべきだね。

◆ パラリンピック

> オリンピックが終わったら、パラリンピックが開催されますよね。でも、パラリンピックにかんしては、じつはあまり知識がありません……

「パラリンピック」とは、IPC（国際パラリンピック委員会）が主催する障害者スポーツの総合競技大会のこと。オリンピックと同じ年に同じ場所で開催されている。2つの英単語の造語で、「もう1つのオリンピック」という意味なんだ。

　パラリンピックのモットーは、「スピリット・イン・モーション」（Spirit in Motion）だよ。「躍動する選手の強靭（きょうじん）な精神」という意味だけれど、パラリンピック選手の卓越したパフォーマンスは、世界じゅうの人びとに勇気や感動を与えている。また、パラリンピックのシンボルマークを「スリーアギトス」というんだけれど、「アギト」とは、ラテン語で「私は動く」という意味。つまり、どのような困難があってもあきらめずに、限界に挑戦しつづけるというパラリンピック選手の精神を表現している。

また、さまざまな障害をもつアスリートが創意工夫を凝らして限界にいどむパラリンピックにおいては、だれもが個性や能力を発揮して活躍できる公正な機会が与えられている。だから、パラリンピックには、人間が多様性を認め合って共生する社会を構築するためのヒントがあるともいえる。

◆ オリンピックの問題点

オリンピックもパラリンピックもすばらしいことがよくわかりました。この精神を世界じゅうに広めるべきです！

　ミホさん、オリンピックにも問題点があることを忘れてはいけないよ。その1つが商業主義なんだ。

　1984年のロサンゼルスオリンピックは、ビジネスとして成功した大会として知られている。大会の経費を抑える一方、たとえば、スポンサーを1業種につき1社に絞ることによってスポンサー権料をつり上げたり、大会のマークやマスコットをライセンスとして商品化したりしたんだ。さらに、オリンピックの放映権料を高額にすることによって、黒字化を達成した。ちなみに、聖火リレーの走者からも参加費を徴収したという。このロサンゼルスオリンピックをきっかけにして、オリンピックはもうかるイベントと考えられるようになり、商業主義が蔓延するようになっていったんだ。

　いまでは、IOCの収入の約80%が放映権料、10%がスポンサー権料だという。ちなみに、放映権料の約半分はアメリカのテレビ局が払っている。その結果、IOCが、アスリートよりテレビ局やスポンサーを優先するという問題が生じている。たとえば、人気スポーツの決勝戦の競技時間が、視聴率が高くなるアメリカの時間の19 〜 23時、いわゆる「プライムタイム」に設定されたり、開催時期が、7 〜 8月、す

なわち**NBA**（プロバスケットボールリーグ）や**NFL**（プロアメリカンフットボールリーグ）、**NHL**（プロアイスホッケーリーグ）のオフシーズンに設定されたりしている。そのため、アジアでオリンピックが開催される場合、決勝戦が午前中になったり猛暑日に炎天下の苛酷な状況で競技が行なわれたりするというケースが出てくる。「アスリートファースト」とはいえないよね。

◆ オリンピックのメリット

やはり、物事にはプラス面とマイナス面がありますね……

　そのとおり。では、まずオリンピックのメリットを整理しておこう。

　オリンピックのメリットは、まず、世界じゅうのトップアスリートが一堂に会する姿を見ることによって、平和の大切さを実感できることだね。また、世界じゅうから集まった、国籍や民族、人種、宗教のちがう人びとと交流することによって、相互理解を深めることもできる。このように、平和の祭典としてのオリンピックに触れることが最大のメリットだよ。

　また、オリンピック選手どうしが力や技を競い合う姿を見て、自分もそのスポーツをしてみたいと思う子どもも多いだろうから、スポーツ人口が増え、スポーツがさかんになる可能性もある。

　それから、経済効果があると指摘する人も多い。彼らは、オリンピックの施設を建設したりインフラを整備したりすると雇用が増え、外国人が多くやって来るので宿泊者も増えて観光業がさかんになる、と考えているんだ。消費がさかんになると予想する人もいる。

◆オリンピックのデメリット

でも、その反面、デメリットもあるわけですね！

　そうだね。まず、開催中に考えられるデメリットは、治安を維持できるかどうかという問題だね。とくに、オリンピックの場合は、テロリズムのリスクが高まる。また、不特定多数の人びとが国境を越えて開催国に流入するので、新型コロナウイルス感染症などが流入して広がるというリスクも高まるといえる。

　また、オリンピックの政治利用も問題だね。オリンピック憲章ではオリンピックの政治利用は禁止されているけれど、国威発揚のためにオリンピックを政治利用するケースがあるんだ。オリンピックの場合、国旗掲揚や国歌斉唱があるし、最近では競技終了後に選手が国旗を手にウイニングランすることも多いから、オリンピックほど国家への帰属を意識させるイベントはないといえる。でも、その効果を政治的に利用してはいけないんだ。たとえば、1936年のドイツのベルリンオリンピックは、ナチスがナショナリズムをあおる国威発揚の機会として徹底的に利用した大会として悪名高い。

　それから、経済的なデメリットを予想する人も多い。そういう人は、オリンピックで一時的に景気がよくなったとしても、その反動で雇用が少なくなったり消費が冷え込んだりすると推測している。さらに、巨額の赤字が出た場合、その赤字を返すのが大変だという問題もある。残された立派な施設も、赤字を増やさないように平和の大切さを永続的に未来に伝えるレガシーとしてじょうずに活用する必要があるね。

出題例の 解 答・解 説

出題例 再録　あなたが考えるオリンピック開催のメリットとデメリットを 400 字程度で、できるだけ具体的に述べなさい。

✿✿ 構想メモを書いてみよう！

序論　自分の考えを簡潔に述べる

- メリットがある反面、デメリットもある
  ➡ 平和の大切さを実感できる反面、政治利用の可能性がある

本論　自分の考えを具体的に説明する

- オリンピックのメリット
  ➡ 世界じゅうの選手が集まる姿を見て、平和の大切さを実感する
  ➡ 世界から自国を訪れた人びとと交流し、相互理解を深める
- オリンピックのデメリット
  ➡ 政治的に利用され、国威発揚の手段になる場合がある
  ➡ 平和の実現というオリンピックの精神が台なしになる

結論　自分の考えを、もう一度まとめる

- デメリットに注意し、メリットをいかす方法を述べる
  ➡ 自国の選手を応援するだけでなく、卓越したパフォーマンスには、国籍に関係なく拍手を送るべきである
  ➡ 国家への帰属を意識しつつ、ナショナリズムを超越する

序論では、自分が考えるオリンピックのメリットとデメリットを簡潔に述べる。本論では、メリットとデメリットを、それぞれ設問の指示に従って、できるだけ具体的に説明する。結論においては、デメリットによって生じる問題を解決することによってメリットをいかす方法を提示する。

合格点まであと一歩の答案例

オリンピックのメリットは、まず開催都市のイメージがよくなることである。全世界の報道機関がテレビで大会を報道するからである。さらに、世界じゅうから観光客が訪れるのもメリットである。そのため、交通機関などのインフラが充実する。また、外国人観光客が増えれば、ホテルなど多くの施設が潤う。そして、開催後は、競技の施設をスポーツに利用することによって、国民は健康増進のコストを削減できる。

一方で、費用の点におけるデメリットが懸念される。競技施設、交通手段、選手村などのオリンピック施設には巨額な建築費用がかかる。また、これらの設備をつくることは環境破壊にもなる。さらに、多くの人びとが外国から来ることによって、犯罪が増加し、治安が悪くなるのもデメリットである。

このようにメリットとデメリットを比較した場合、費用対効果の効果が上回れば、成功といえる。オリンピックにおいて、経済効果が費用を上回ることを期待するばかりである。

(405字)

全体を通じた コ メ ン ト

費用対効果について述べ、費用をデメリット、経済効果をメリットとしているが、オリンピックの場合、金銭的な利益だけでなく、人びとに与える精神的な影響も効果に含まれる。この答案は、表面的な損得勘定にこだわる一方、本質的なことには触れられていない。オリンピックは、たんなるビジネスではなく平和の価値を継承する祭典でもある。オリンピック開催がテーマである以上、オリンピックの本質的な意義も考えるべきである。

答案例への コメント ✐

➡❶：△　都市のイメージがよくなることは、オリンピック開催のメリットとしてそれほど重要であるとは考えられない。

➡❷：△　全世界にテレビで放映されたからといって、イメージがよくなるとはかぎらない。

➡❸：○　観光客が増えることは、メリットと考えられる。

➡❹：○　インフラの整備も、メリットと考えられる。

➡❺：○　観光業が利益を上げるのも、メリットである。

➡❻：×　競技施設を利用することによってなぜ健康増進のコストを削減できるのかというプロセスの説明が不足している。

➡❼：△　デメリットを費用に限定している。

➡❽：○　事実として間違ってはいない。

➡❾：×　「環境破壊」は、テーマと直接的には関係ない。

➡❿：△　治安が悪くなるかどうかは、可能性の問題である。

➡⓫：×　金銭的な損得しか考えていないという印象を与える。

➡⓬：×　自分が期待することを書く必要はない。蛇足である。

神 髄 29

本質をとらえないと、内容が表面的になってしまう！

合格点がもらえる答案例

序論

オリンピック開催には、平和の価値を実感し、平和な社会の構築を目指すというメリットがある反面、政治的に利用される可能性があるというデメリットもある。

本論

たとえば、世界じゅうのトップアスリートが集まる姿を間近で見ることによって、人びとは平和の大切さを実感する。また、外国から訪れた人びとと交流することによって、相互理解を深めることもできる。これらは、オリンピックのメリットである。一方、オリンピックはときに政治的に利用されることがある。国威発揚の道具にされた場合、国際平和の実現を目指すというオリンピック精神がふみにじられてしまう。

結論

オリンピックは、たしかに、国家への帰属を強く意識させるイベントである。しかし、自国選手を応援しつつも、卓越したパフォーマンスには、選手の国籍に関係なく拍手を送ることによってナショナリズムを超越し、オリンピック精神を尊重することは可能であると、私は考えている。

(391字)

全体を通じた コ メ ン ト ✎

　平和の大切さを実感したり、国際交流を促進したりすることをメリットとして述べる一方、デメリットとして政治利用の危険性に言及している。そのため、「平和の祭典」というオリンピックの本質をふまえて答案を作成している印象を受ける。

　また、結論部分においては、政治利用というデメリットによって生じる問題の解決策を提示している。このように、問題が発見された場合、問題の解決策を示す答案は高く評価される。

答案例への コ メ ン ト ✎

- ➡❶：○　オリンピック開催のメリットとデメリットを簡潔に述べている。一般論ではなく、自分自身の考えを述べているという印象を受ける。

- ➡❷：○　オリンピック開催のメリットを具体的に説明している。

- ➡❸：○　オリンピック開催のメリットを具体的に説明している。

- ➡❹：○　❷と❸がメリットであることを明示している。

- ➡❺：○　オリンピックのデメリットを具体的に説明している。

- ➡❻：◎　デメリットによってメリットが失われる可能性があることを指摘している。

- ➡❼：○　オリンピック自体にデメリットが生じやすい原因があることを説明している。

- ➡❽：◎　デメリットによって生じる問題を解決し、メリットを失うことなく大切にしていくための具体的な方策を提示できている。

神 髄 30

テーマの本質を見抜くことが大切！

さくいん

＊本文中で強調されている用語を項目として拾っています。
＊項目は、アルファベットと五十音順（日本語）に大別しています。
＊アルファベットと日本語の合成語は、五十音順（日本語）の項目に分類しています。
例「弱いAI」
＊"ー"（音引き）は、実際の読みに置き換えたうえで五十音順に並べ替えています。

高橋　廣敏（たかはし　ひろとし）

　ドワンゴ主催のN予備校小論文・現代文講師。小論文の授業においては、課題文の読解にもとづくさまざまな発想と、論理的な一貫性のある合格答案の作成法を提示する。現代文の授業においては、文章の論理構造を把握し、内容の本質を理解したうえで正解へ向かうプロセスを説明する。

　日々の生活のなかで何よりもうれしいのは、小論文と現代文の授業を通じて知的好奇心を刺激された生徒が、読んで理解することの喜び、書いて自己表現することの喜び、そして、思考することの喜びに目覚めてくれることである。

　著書に『書き方のコツがよくわかる　人文・教育系小論文　頻出テーマ20』『書き方のコツがよくわかる　社会科学系小論文　頻出テーマ16』（以上、KADOKAWA）などがある。

書き方のコツがよくわかる　理系小論文　頻出テーマ15

2020年6月26日　初版発行

著者／高橋　廣敏

発行者／青柳　昌行

発行／株式会社KADOKAWA
〒102-8177　東京都千代田区富士見2-13-3
電話　0570-002-301（ナビダイヤル）

印刷所／株式会社加藤文明社印刷所

本書の無断複製（コピー、スキャン、デジタル化等）並びに
無断複製物の譲渡及び配信は、著作権法上での例外を除き禁じられています。
また、本書を代行業者などの第三者に依頼して複製する行為は、
たとえ個人や家庭内での利用であっても一切認められておりません。

●お問い合わせ
https://www.kadokawa.co.jp/（「お問い合わせ」へお進みください）
※内容によっては、お答えできない場合があります。
※サポートは日本国内のみとさせていただきます。
※Japanese text only

定価はカバーに表示してあります。

©Hirotoshi Takahashi 2020　Printed in Japan
ISBN 978-4-04-604446-4　C7081